Churchill

Sophie Doudet

Churchill

Tradução de Ivone C. Benedetti

L&PM EDITORES

Texto de acordo com a nova ortografia.

Título original: *Churchill*

Tradução: Ivone C. Benedetti
Capa: Ivan Pinheiro Machado
Preparação: Patrícia Yurgel
Revisão: Nanashara Behle

CIP-Brasil. Catalogação na publicação
Sindicato Nacional dos Editores de Livros, RJ

D767c

Doudet, Sophie
Churchill / Sophie Doudet; tradução Ivone Benedetti. – 1. ed. – Porto Alegre [RS]: L&PM, 2024.
240 p. ; 21 cm.

Tradução de: *Churchill*
ISBN 978-65-5666-485-9

1. Churchill, Winston, 1874-1965. 2. Primeiros-ministros - Grã-Bretanha -Biografia. I. Benedetti, Ivone. II. Título.

24-91886 CDD: 941.084092
CDU: 929Churchill, Winston

Meri Gleice Rodrigues de Souza - Bibliotecária - CRB-7/6439

Rua Comendador Coruja, 314, loja 9 – Floresta – 90.220-180
Porto Alegre – RS – Brasil / Fone: 51.3225.5777

Pedidos & Depto. comercial: vendas@lpm.com.br
Fale conosco: info@lpm.com.br
www.lpm.com.br

Impresso no Brasil
Inverno de 2024

Sumário

Anexos

A meus pais que partiram,
a meus filhos que chegaram.

A Philippe, sempre presente.

O teatro de operações

30 de novembro de 1874, o palácio de Blenheim em Oxfordshire está iluminado. Seu proprietário, o duque de Marlborough, sétimo do nome, oferece um baile nessa noite, e uma de suas noras, lady Randolph Churchill, grávida de sete meses e meio, não é das que menos se divertem. De repente, na metade de uma valsa, ela se sente mal. Tentam levá-la para seu quarto, mas a criança (já) está com muita pressa. Portanto, Winston Leonard Spencer Churchill virá ao mundo no vestiário, no meio do caminho do salão de baile aos aposentos de sua mãe, na entrada de um palácio suntuoso no qual seus pais, convidados, só estão de passagem. Entre dois cômodos e já entre dois mundos.

Embora seja fácil e um tanto falso discernir *a posteriori* indícios de um destino previamente escrito a partir de fatos do nascimento, há acasos que não deixam de seduzir os biógrafos. Nesse sentido, Churchill nasceu num limiar, na encruzilhada de dois séculos, no seio de uma aristocracia que formará seus gostos luxuosos e sonhos de grandeza, mas nunca o reconhecerá totalmente como um dos seus. Terá o amor à Inglaterra impregnado no coração, mas seu olhar se voltará para o mar aberto, o Império, a América, o grande mundo e o grande jogo.

O acaso dirige as vidas, e Churchill, mais do que ninguém, se convencerá disso, à medida que avançar numa existência agitada por adversidades, mas sempre firmemente guiada por uma vontade férrea. É verdade que a Providência dá as cartas, mas ainda é preciso arrumá-las e jogá-las no tempo certo. Ainda é preciso forçar a sorte e moldar a realidade, para que ela assuma a forma dos desejos. Desse ponto de vista, o nascimento de Churchill e sua herança familiar desenham um esboço do retrato do homem futuro.

A começar pela Grã-Bretanha: em 1874, o Império Britânico é a primeira potência mundial. A rainha Victoria, que será proclamada imperatriz das Índias dois anos depois, governa um quinto das terras do globo. A libra esterlina é o padrão do comércio, a Bolsa de Londres é o templo financeiro e a frota britânica está invicta: o país extraiu todos os benefícios possíveis da revolução industrial e acredita cegamente no progresso científico e humano veiculado pela civilização europeia. No entanto, embora o mundo no qual Churchill nasce seja o mundo da opulência e da riqueza, ele não poderia se reduzir a isso:

> Fui criado num estágio da civilização em que todo mundo gostava de admitir que os homens nascem desiguais.*[1]

E isso vale para "os povos selvagens que devem ser civilizados" e para as classes trabalhadoras em solo inglês. O mundo de Churchill é também o mundo dos pobres de Dickens e dos operários de Marx e Engels, e será também aquele que

* As notas bibliográficas estão no final do volume, p. 227.

Jack London descreverá em 1903 quando, vestindo-se de mendigo, levará seus leitores a descobrirem o "povo de baixo" ou "o povo do abismo". A Inglaterra é, afinal e sobretudo, o país do Bill of Rights, uma monarquia que optou desde longa data por um regime parlamentarista em que a aristocracia tem assento de direito (Câmara dos Lordes) e que adere com fervor à "pior forma de governo, com exceção de todas as demais",[2] que é a democracia.

É, portanto, nessa Inglaterra que Churchill vai crescer e é esse país que ele precisará dirigir e introduzir no século XX, tentando – sem dúvida em vão – conservar seu esplendor e seu poder, mas salvaguardando sua grandeza e sua honra. Aliás, já na década de 1930, às vésperas da terrível provação da Segunda Guerra Mundial, Churchill está consciente dessa reviravolta no equilíbrio do mundo, da qual ele é ao mesmo tempo testemunha e ator. Filho de um mundo que está desaparecendo, precisa enfrentar o mundo violento e atormentado que está emergindo, para conquistar o novo espaço a ser ocupado pela Inglaterra. No prefácio de suas memórias de juventude, ele escreve:

> Fui um filho da era vitoriana, quando a estrutura do nosso país parecia firmemente assentada, sua posição no comércio e nos mares não conhecia rival, e a compreensão da grandeza do nosso Império e do nosso dever de preservá-lo era cada vez mais forte. Naqueles dias, as forças dominantes da Grã-Bretanha confiavam muito em si mesmas e nas suas doutrinas. Pensavam poder ensinar ao mundo a arte de governar e a ciência econômica. Estavam certas de sua supremacia nos

mares e consequentemente sentiam-se em segurança dentro de casa. Repousavam, portanto, convencidos de seu poderio e de sua tranquilidade.[3]

Aí está o cenário. Agora, o palácio de Blenheim. Churchill nunca viverá nele; naquela noite de 1874 seus pais não passavam de convidados do duque de Marlborough, seu avô. Mas, para um nobre, a genealogia tanto pode pesar quanto dar asas. No caso, dará origem a sonhos pujantes e a grandes ambições: Churchill é o filho caçula de lorde Randolph Churchill, terceiro filho do duque. Por sua condição de nascimento, só herda nome: não herda título, assento na Câmara dos Lordes, terras; dinheiro, relativamente pouco, considerando-se o alto nível de vida que pretende levar. Mas esse nome é grandioso. No século XVII, o primeiro duque de Marlborough guerreou contra as tropas do rei Luís XIV, como diz a canção francesa (*Malbrouk...*), e venceu, em 1708 em Oudenaarde e em 1709 em Malplaquet. Para recompensá-lo por seus altos feitos, a rainha Ana outorga-lhe a quantia de 24 mil libras para construir um castelo que receberá o nome de Blenheim, como lembrança de uma de suas vitórias na Alemanha. Para maior honra, esse castelo é o único com o título de palácio, normalmente reservado às residências régias.

Soberbo, glorioso e corajoso guerreiro, conquistador intrépido, o primeiro duque de Marlborough estimula a imaginação do jovem Churchill, que tem por ele admiração tão profunda que redige a biografia do ilustre ancestral, cujo exemplo espera poder seguir. Quem diz nobreza diz culto à guerra e pressupõe uma necessidade insaciável de ação e a vontade de deixar sua marca na História. Da narrativa das proezas militares do duque, Churchill extrai uma paixão devoradora (e sem dúvida exagerada, como todas as paixões) pela guerra e pavor à imobilidade. Criança, coleciona soldados de chumbo e imagina batalhas campais; adulto, apaixonado por armas e apreciador de medalhas e condecorações, conhecerá o fogo do combate e será o vencedor da batalha da Inglaterra. Mais do que ambição – real –, haverá nele o júbilo de travar o combate que muitas vezes amedronta aliados e adversários. Pode-se imaginar, portanto, a surpresa e a preocupação de sua mulher, ao ler esta carta enviada do front em 1915:

> Sujeira e detritos por toda parte, túmulos espalhados no meio do perímetro defensivo, com pés e farrapos de roupas emergindo do solo, água e lodo por todo lado [...] sob o estrépito incessante dos fuzis e das metralhadoras e o sibilo venenoso das balas que passam por cima de nossas cabeças. No meio desse cenário, ajudado pela umidade, o frio e toda espécie de desconfortos menores, encontrei uma felicidade e um contentamento que não conhecia há meses [...]. Sabe que me sinto rejuvenescer?[4]

Mais que isso, por trás do gosto de Churchill pela guerra, revela-se a convicção profunda e alimentada por imensa cultura histórica de que os homens não podem evitar a guerra não só porque ela é inelutável, mas também porque ela é o próprio sentido da história:

> Quem afirma que nada nunca foi regido pela guerra está dizendo asneiras. Na verdade, nada na história nunca foi regido por *outra coisa* que não fosse a guerra.[5]

E onde encontrar ação naquele final de século XIX, a não ser nos fronts do Império e nas batalhas oratórias da Câmara? Na mente de Churchill, a carreira militar do antepassado e a vocação política encarnada pelo pai se fundem, porque exigem qualidades semelhantes (estratégia, ambição, risco, arte que exalta o duelo...), conferem glória e reconhecimento aos grandes homens e vencem a angústia de não ser nada e de morrer ignorado:

> Parecia realmente um imenso mundo, esse em que tais homens viviam. Um mundo no qual vigiam regras severas e cada particularidade da vida pública era levada em conta. Um campo de duelo no qual, embora a luta pudesse ser feroz e as armas, de tiro pesado, havia uma cortesia pessoal cerimoniosa e respeito mútuo.[6]

Da guerra à política, portanto, há só um passo, e Churchill imagina que seguirá os de seu pai. Lord Randolph Churchill, político ambicioso e brilhante, desejou, dentro do Partido Conservador, apoiar-se nas classes operárias tradicionalmente conquistadas pelos socialistas e, a partir de 1906, pelo Partido Trabalhista. Iniciador do toryismo democrático, Randolph Churchill viverá rápida ascensão política que em 1886 o levará ao posto de chanceler do Tesouro (equivalente a ministro da Fazenda) e a uma queda também fulgurante no mesmo ano, em razão de um erro de estratégia política que lhe será fatal. Churchill admira profundamente o pai e tenta em vão ser amado por ele. Lê seus discursos, coleciona artigos de jornais sobre ele, bebe suas palavras e as estuda para aprender tudo daquele modelo ausente, distante... desdenhoso. Sua morte prematura aos quarenta anos será traumática para o jovem – que durante muito tempo acredita que terá o mesmo destino –, mas o libertará de uma tutela opressiva. Churchill acabará por escrever: "Devo tudo a minha mãe, nada a meu pai".[7]

Lady Randolph Churchill, nascida Jennie Jérôme, foi apelidada de *pantera negra*: mulher bonita, sedutora e muitas vezes seduzida, foi grande apoio para o filho graças às relações que tinha na sociedade. Foi por meio dela, cuja família, de origem huguenote, migrara no século XVIII para o Novo Mundo, que Churchill teve vínculos com a América. O pai de Jennie era um milionário arruinado que foi, sucessivamente, corretor de valores, barão de imprensa, empreiteiro. Uma vida aventuresca e prestigiosa os leva, ele e a família, a Paris, onde vivem na opulência dos últimos estertores do Segundo Império. Com a guerra de 1870, fogem para a Inglaterra, onde não pretendem renunciar aos costumes da alta sociedade e aos prazeres da vida. Escândalos, alcoolismo e adultérios são o reverso do cenário resplandecente no qual Winston vem ao mundo. Seu gosto pelo luxo e sua inclinação para a bebida vêm de longe...

Assim, todo cenário tem seus bastidores, e a infância de Winston Churchill tem os seus. Quando adulto, escrevendo suas lembranças, confessará que não detestou propriamente esse período, mas sim a impotência que ele implicava. "Uma irresistível maré me arrastou."[8] Não é consultado sobre nada e se vê dependente de tudo, o que para ele é terrível.

Dependência financeira, em primeiro lugar. Ao morrer, o pai deixa 65 mil libras em dívidas. O rapaz, que no colégio não deixou de pedir dinheiro para ele, passa a dirigir-se à mãe para cobrir suas abundantes despesas. Precisará financiar suas campanhas militares e políticas: o caminho do jornalismo e, depois, da escrita é mais um paliativo do que uma vocação.

Em segundo lugar, dependência afetiva. A criança criada pela sra. Everest, governanta adorada (e muito paciente!), faz de tudo para merecer o amor dos pais. Talvez Randolph tenha ficado decepcionado com o filho agitado, mau aluno e pouco dócil, nascido sob o signo de dois ornamentos: o prematuro cujos pais tinham se casado sete meses antes não podia nascer a termo sem desonra, portanto precisava ser forte e vigoroso. Além disso, o pai o quer perfeito, e o bebê ruivo com nariz arrebitado é declarado "maravilhosamente bonito, com cabelos pretos".[9] A criança indisciplinada e resistente aos estudos lhe parece idiota e desajeitada. Ele não se abstém de lhe dizer isso em cartas violentas e desdenhosas. "O que você escreve é estúpido [...]" "Você se amesquinhará numa vida lastimável, infeliz e fútil."[10] Nada como entrar com segurança na vida... Randolph não teve o filho que esperava ter, e a recíproca é verdadeira. Churchill está sempre pedindo aos pais que o visitem no colégio, para assistirem às encenações em que desempenha um bom papel e revela sua memória extraordinária. Em vão: o pai quase não vai; a mãe, um pouco mais, porém ambos ignoram seus esforços, seus chamados pungentes, que eles julgam piegas:

> Eu lhe peço, preste atenção à minha carta. Estou infeliz. Neste exato momento estou chorando. Por favor,

> Mamãe querida, seja boazinha com seu filho que a ama. [...] Deixe-me pelo menos pensar que você me ama. Mamãe querida, estou desesperado.[11]

Embora Churchill não tenha sido a única pessoa em busca do amor dos pais ocupados demais com outras coisas e talvez assustados com um filho voluntarioso e difícil, é evidente que se pode ver em sua hiperatividade o seu egocentrismo futuro, a sua ambição desmedida, mas também em suas tendências depressivas (que ele chamará de Black Dog) formas de sublimação das carências infantis e do medo de decepcionar e fracassar. Ele, aliás, está perfeitamente consciente disso:

> O garoto desprovido das atenções do pai frequentemente desenvolve uma força e uma independência mental que mais tarde compensarão as carências da primeira infância.[12]

Eis que o palco está iluminado, e os bastidores, delineados numa penumbra vertiginosamente profunda. É preciso avançar, a cortina se abre, aparece a criança. Os cachos ruivos do bebê foram cortados quando ele ainda não usava calças. A roupa de marinheiro é novinha em folha, ainda rígida, mas ele está orgulhoso dela! Faz pose, cara fechada, ar altivo, mas doce. Fixa a objetiva do fotógrafo: tem olhos cheios de sonhos.

Tempo de escolas

"Minha educação só foi interrompida uma vez: durante o tempo em que estive na escola."[1] Constatação inapelável, ainda que exagerada! De fato, a escolaridade não parece ter deixado boas recordações em Churchill. Lendo suas *Memórias*, tem-se a sensação de uma longa espera marcada por fracassos, sofrimentos e – o que é estranho nessa forte constituição – certa fragilidade física. Antes da aventura, desventuras...

Quando, aos sete anos, Winston Churchill entra na escola particular de Saint George de Ascot, estrada real para integrar mais tarde o célebre colégio de Eton, para onde vão todos os filhos de boa família, ele já suou sangue e lágrimas para aprender a ler e escrever. A sra. Everest, sua governanta e confidente, dedicou-se para lhe inculcar o bê-á-bá, mas não conseguiu lhe incutir o gosto pelos estudos, longe disso. Winston é frequentemente hostil, tem dificuldades com a aprendizagem clássica, apesar da memória fantástica e dos dotes oratórios. Não tem nenhuma deficiência importante, mas total desinteresse pelas matérias que não lhe pareçam úteis ou apenas atraentes. O temperamento forte e a propensão à contestação não fazem dele um aluno muito dócil. Indisciplinado, tem frequentes atritos com os professores e embirra, mesmo que isso signifique ser o grande perdedor do conflito. Em outros tempos, outros métodos pedagógicos talvez lhe tivessem aberto as portas dos refinamentos do latim, do grego e da matemática, três matérias que ele detesta com todas as forças! Mais tarde, ele reconsideraria: "Talvez se me tivessem apresentado os Antigos começando pela sua história e os seus costumes, e não pela gramática e a sintaxe, talvez melhorasse as minhas notas".[2] Posteriormente, Churchill contará com humor sua perplexidade diante das declinações latinas, mas naquele momento, era de fato um inferno. Vejamos o que ele escreve sobre o aprendizado do vocativo:

> – Mas por que é que *mensa* também quer dizer ó mesa? E que quer dizer ó mesa?
> – *Mensa*, ó mesa, é o vocativo.
> – Mas por que ó mesa? – persisti, com natural curiosidade.
> – Ó mesa? Você empregaria essa fórmula para se dirigir a uma mesa, para invocá-la.
> Então, vendo que eu não percebia, acrescentou:
> – Você a empregaria para falar com uma mesa.
> – Mas eu nunca falo com a mesa!
> – Se você for impertinente será severamente castigado, e castigado, eu lhe digo, severamente.
> E encerrou o assunto.[3]

Infelizmente, Winston persevera nas más notas, as punições se concretizam e chovem castigos corporais. Churchill guardará por muito tempo a lembrança da angústia que lhe revirava o estômago na manhã dos exames. Terá um ódio tenaz à escola e, depois, ao colégio, onde aprendeu pouco e sofreu muito. Em 1884, seus pais parecem tomar consciência disso e o transferem para outra escola, com o pretexto real de fragilidade pulmonar, colocando-o no internato de Brighton, onde o clima é melhor, e a pressão, menor. Lá ele termina o ensino fundamental com ligeiros progressos no plano escolar.

Fora do âmbito rígido e opressor das aulas, Winston se desenvolve em várias atividades que o apaixonam: coleciona selos e pratica assiduamente equitação – seu sonho é integrar a cavalaria do exército. Faz teatro, em que revela seu talento declamatório, sua memória e sua arte de posar. Apaixona-se por borboletas, seres "brilhantes, voejantes", que pousam ao sol e desaparecem na noite: seres efêmeros, mas livres – o que ele ainda não é e deseja ao máximo se tornar. Ainda prisioneiro do casulo da infância, enquanto não ocorre sua metamorfose, resta-lhe a imaginação pujante, que o leva para outras plagas, ao sabor das leituras (romances de aventuras, exploração e capa e espada) e das brincadeiras infantis na propriedade paterna. A guerra, ainda e sempre, ocupa seus momentos livres: trincheiras cavadas no jardim, tropas de soldados de chumbo passadas em revista ou dispostas em formação de ataque... "Aqueles soldados de chumbo mudaram o rumo da minha existência."[4] Baixando os olhos pela primeira vez para o filho, Randolph Churchill percebe que o menino, apaixonado por jogos de guerra, não será advogado. Uma decepção a mais para o pai, porém sorte do filho e, sem dúvida, da Inglaterra!

Agora é o tempo do colégio. Com notas medíocres e uma prova de latim em branco (evidentemente) no exame de ingresso, é de se perguntar como Churchill pôde ser admitido na turma de iniciantes, é verdade, do colégio de Harrow. O sobrenome e o pai devem tê-lo favorecido, mas, sentado na sua carteira, o menino está sozinho. Sozinho à espera da vinda dos pais, sozinho enquanto sonha ser reconhecido e ser o alvo das atenções. Sozinho, mas não desmunido. Encontra outros modelos, outros mestres de grandeza. Finalmente, acha graça na História, principalmente quando é a narrativa dos altos feitos de guerra: o adolescente devora em especial a *História da Inglaterra* de Macaulay, Thackeray e Wordsworth. Sabe de cor trechos inteiros, discursos, poesia. Torna-se excelente aluno de inglês, matéria ensinada para os iniciantes, enquanto os melhores são dispensados. O futuro grande orador descobre todos os mistérios e as riquezas de sua própria língua: não os esquecerá. Enquanto isso, dá os primeiros passos de redator com o nome de Junius Junior no jornal da escola. Esportista (seja lá o que ele possa vir a dizer depois!), é um verdadeiro campeão em equitação, esgrima e natação. Arrojado, coleciona tombos e acidentes, chegando a ver a morte de perto duas vezes durante as férias de verão, quando deixa de conhecer os grandes vultos da política britânica (Balfour, Chamberlain, Asquith...), que tinham ido visitar seu pai.

Mas, por enquanto, a política não o tenta tanto quanto o exército e, para fazer carreira nele, é preciso passar no exame de ingresso de uma escola militar. A escolha do rapaz recaiu no Royal Military College de Sandhurst, que forma tenentes de cavalaria e de infantaria. Habilitado a fazer o exame de ingresso em 1890, ele só passará em 1893: seu sobrenome já não é suficiente.

Três anos... três anos passados na frente da prestigiosa porta que só se abre diante da tenacidade e da competência acadêmica. Três anos passados tendo aulas de matemática e latim, três anos lendo, fortalecendo sua ambição, fazendo exercícios sem parar, aguentando as repreensões impiedosas de um pai que diz estar se arruinando por causa dele. E, até que enfim! Em 1º de setembro de 1893, Churchill entra em Sandhurst, e lá têm início os "dias felizes". A metamorfose pode começar.

E ela é notável. Em primeiro lugar, as matérias que ele odiava já não são tão determinantes, e há também aulas práticas que finalmente lhe permitem revelar suas qualidades. Tática, direito militar, arte das fortificações, topografia, tiro ao alvo, esgrima, equitação... Só lhe falta uma coisa: aulas de estratégia, reservadas à elite, da qual ele continua não fazendo parte porque suas notas no exame de ingresso são baixas demais para tal. Winston torna-se ótimo aluno, até porque agora o pai lhe dá toda quantia que ele pede e se digna a aceitá-lo como secretário quando ele não está na academia. Churchill torna-se quase disciplinado, ainda que não consiga ser pontual! Saem as notas de fim de ciclo: sua posição é a 20ª de 130. Ele se vê cavaleiro, mas o pai o quer na infantaria. Por enquanto, ele obedece, mas não desiste. O acaso cuidará de seu destino, ele está convicto disso.

Infelizmente, não há muito tempo para esperar um sinal da Providência: em 24 de janeiro de 1895, lorde Randolph Churchill, gravemente enfermo (tem sífilis), falece. Churchill não será fuzileiro, como o pai decidira, mas subtenente no 4º regimento de hussardos em Aldershot. Enfim livre, ou quase! A borboleta pode levantar voo? E se ela fosse de outra espécie? Comparando posteriormente homens a vermes, ele se definirá como "um verme fulgurante".[5]* Com vinte anos, já está na hora de luzir.

* O texto francês traduz literalmente a seguinte frase, atribuída a Churchill: "*We are all worms. But I believe that I am a glow-worm*". *Glow-worm* é um composto em que entra a palavra *worm*, verme. A eventual tradução do nome do inseto em francês (*luciole*) e em português (*vaga-lume*) não renderia o paralelismo entre humanos e vermes. (N.T.)

Nas primeiras fileiras da vida

Não tendes um momento a perder! Deveis tomar o vosso lugar nas fileiras da batalha pela vida. Os mais belos anos são os de 20 a 25. Não vos contenteis com o que existe, a terra é vossa com tudo o que contém. Tomai posse de vossa herança, aceitai vossas responsabilidades, fazei tremular de novo a gloriosa flâmula, avançai contra os novos inimigos que constantemente se reúnem contra o exército humano, pois basta assaltá-los para vencê-los. Que nada vos desanime! Não vos deixeis nunca abater por um malogro! Não vos deixeis iludir pelo sucesso pessoal ou pela popularidade! Cometereis toda sorte de enganos, mas, se fordes francos e generosos ao mesmo tempo que ardentes, não podereis causar mal ao mundo ou mesmo decepcioná-lo. O mundo foi feito para ser enfrentado e vencido pelos jovens. Até hoje ele viveu e prosperou graças a essas permanentes submissões.[1]

Esse era o estado de espírito de Churchill ao sair de Sandhurst.

A vida no 4º regimento de hussardos em Aldershot não é desagradável, mas não está à altura das expectativas do rapaz. Exercícios, polo, relativa casualidade, refeições fraternas no refeitório, a imponência da farda são coisas que o ocupam por algum tempo. Mas, para quem tem Napoleão como modelo e a convicção de que morrerá novo como o pai, é pouco. Os encantos da camaradagem militar duram pouco tempo, sobretudo se não forem forjados no front. Instala-se a rotina, que é mortal: tudo o que Winston abomina e tentava justamente evitar ao escolher o exército. À espreita estão o tédio e, talvez, até a depressão, principalmente porque, ao luto pelo pai, vem se somar o luto pela sra. Everest, em 1895.

Churchill aproveita as férias de verão para buscar lugares, mesmo que distantes, onde haja guerra. Sua escolha recai sobre Cuba, colônia espanhola onde os insurgentes exigem independência. Winston põe em ação as relações da mãe para obter autorização de ir ao campo de batalha, mas sem sucesso. Em compensação, consegue ser contratado pela gazeta *Daily Graphic* para cobrir o front cubano e é empregado como observador junto ao corpo expedicionário espanhol. As cartas que enviará ao jornal financiarão em parte sua permanência. Em 2 de novembro de 1895, portanto, ele embarca com o subtenente Reginald Barnes para Nova York, onde fica algum tempo. Desembarca em Havana no dia 20 de novembro. Autorizado a ter acesso ao teatro de operações, Churchill mal verá a batalha, embora tenha tentado por todos os meios arriscar a vida. Ali há sonho: "Ali estava uma região onde tremendos acontecimentos se desenrolavam, cenário de uma ação vital! Lugar onde tudo podia acontecer, onde alguma coisa devia acontecer! Podia deixar ali minha vida!".[2] E há realidade: "Mas nada aconteceu".[3] Dizer uma vez não significa dizer sempre, o bem-aventurado acaso faltou ao encontro. Churchill ainda não sabe moldar a realidade para ajustá-la a seus desejos. Resta-lhe então descrevê-la, o que às vezes é uma maneira mais intensa de vivê-la. Seus primeiros artigos, favoravelmente recebidos pelo público, porém nem tanto por seus superiores, comparam a situação dos espanhóis em Cuba à dos ingleses na Irlanda. Com uma lucidez não isenta de mordacidade, ele aponta a temível eficiência dos exércitos de resistência frente aos exércitos de ocupação mal preparados nos terrenos estrangeiros. A partir daí, será preciso fazer a guerra de outro modo, se se quiser vencer: Churchill tem vaga intuição disso.

Na volta, o subtenente retorna a seu regimento, que acaba de receber a ordem de partir para passar nove anos sob outros céus mais favoráveis aos ambiciosos: a Índia. No entanto, Churchill receia ficar encalhado na Ásia (pois é a imagem transmitida pela literatura da época). Ele teria preferido o continente africano. Paciência... A História é menos apressada do que o jovem fogoso. Não adianta conspirar, ele não consegue escapar do embarque em 11 de setembro no *Britannia*. Destino: Bombaim.

Outubro de 1896. Churchill põe os pés em terras indianas. Ou melhor, quase. As coisas começam mal: ele luxa violentamente o ombro ao tentar chegar mais depressa ao cais. É difícil imaginar pior entrada na aventura imperial. No entanto, o acaso sempre desenha o futuro. Mal reposicionado, o ombro o fará sofrer por muito tempo, a ponto de impedi-lo de portar a lança ou o sabre e de fazê-lo preferir a mauser, que terá sua importância em certa batalha no Sudão. O fato é que o entusiasmo não se faz realmente presente no luxuosíssimo acantonamento de Bangalore. Churchill, porém, terá motivos para se alegrar, pois lá a vida é de fato agradável: ele ocupa um bangalô com os colegas Barnes e Hugo Baring, tem dois criados para as tarefas desagradáveis, jardineiros, lavadeiras, cavalariços! A vida se divide entre os exercícios diários de manobras, refeições copiosas e regadas e um tempo de folga substancial, passado na realização de muitos campeonatos de polo. Apesar de tudo, Churchill não demora a se aborrecer e engana utilmente o tédio devorando abundantes volumes de história, ensaios (Darwin, Smith, Malthus), filosofia (Platão, Schopenhauer) e crônicas sobre a vida política inglesa. A inação o obriga a interrogar-se sobre suas crenças religiosas. Às razões do coração, que ele não ignora, prefere as da inteligência, combinadas com a fértil imaginação. Nada de Deus nem de Igreja para esse aristocrata pragmático, mas a esperança, senão a fé, na Providência e na força das crenças que movem montanhas:

> Resolvi desde cedo acreditar em tudo o que quisesse acreditar, enquanto, ao mesmo tempo, deixava meu raciocínio seguir livremente todos os caminhos que fosse capaz de percorrer.[4]

Nesse momento, Winston hesita: que caminho escolher para ter êxito? A vida militar só lhe convém se vivida no campo de batalha. Mais que soldado, ele quer ser guerreiro. Em alguns momentos, a vida política o tenta mais, sobretudo porque, nos seus retornos de licença a Londres, ele começa a angariar boa reputação de orador. Seu discurso para os membros da Primrose League de Bath, que ele escreveu com esmero e recitou com brilhante dramaticidade, produziu efeito. Sua eficácia foi grande também porque ele mostrava convicção ao defender a necessidade de a Inglaterra civilizar as nações indígenas e estender seu poder colonial, mesmo que pelas armas. É assim que seus dois projetos se unem: manter o Império de armas na mão é também o que quer esse soldado desesperadamente inativo.

Finalmente, a História decide ouvir os apelos daquele que aspira à grandeza. No noroeste da Índia, na fronteira afegã, tribos pachtuns se revoltam contra a autoridade britânica. Winston acredita, durante algum tempo, que poderá integrar o corpo expedicionário, mas seus superiores, que talvez se lembrem das cartas enviadas ao *Daily Graphic*, desconfiam com razão do olhar crítico que aquele simples, mas dotadíssimo, oficial subalterno poderia lançar sobre sua gestão do conflito. Churchill reincide precisamente e vai para o local como correspondente de imprensa. O *Daily Pioneer*, jornal indiano, paga-lhe o transporte e as despesas de permanência em troca de relatórios que, com retoques, serão publicados em 1898 na forma de narrativa emocionante: *The Story of the Malakand Field Force.* No entanto, quando Winston chega de trem ao local, a grande batalha já ocorreu e terminou com a vitória do general Blood. Nem por isso a guerra está encerrada: resta "pacificar" a região, ou seja, realizar violentas expedições punitivas contra tribos rebeldes para eliminar, por algum tempo, a vontade de recomeçar. Sem nunca questionar os fundamentos de tal política, Churchill duvida de sua eficácia. Também nesse caso, a guerrilha conduzida sem grandes recursos por homens corajosos e muitas vezes fanatizados por chefes religiosos e eminentemente inflexíveis em matéria de honra, a ponto de guerrearem o tempo todo entre si, no longo prazo terá vantagem sobre os clássicos exércitos de ocupação:

> Essas lutas não são travadas com as armas que em geral pertencem às raças desse grau de desenvolvimento. À ferocidade dos zulus se somam a astúcia dos peles-vermelhas e a habilidade dos bôeres. O mundo se vê diante do seguinte espetáculo lúgubre: "a força da civilização sem a sua misericórdia". A uma distância de mil jardas, o viajante cai alvejado pela boa mira da bala de um fuzil de retrocarga. O agressor se aproxima e o retalha com a ferocidade de um nativo dos Mares do Sul. As armas do século XIX estão nas mãos dos selvagens da Idade da Pedra.[5]

Embora a descrição do local e das tribos cruéis abra amplo espaço para o exotismo e a cor local, capazes de seduzir os preconceitos dos leitores britânicos convictos da missão do fardo (assim dizia Kipling) do homem branco, a narrativa de Churchill surpreende pela perspicácia e pelo senso de observação. Ao lado do general Jeffreys, o correspondente de guerra torna-se finalmente o combatente que nunca deixou de ser. No vale Mamund, Churchill, quatro oficiais e uma companhia de sikhs são atacados por trezentos guerreiros. Combatem por mais de treze horas e sofrem pesadas perdas antes de baterem em retirada. Churchill vê a morte de muito perto. A dos companheiros em primeiro lugar: "Estavam estendidos: dois mortos e três feridos. Um deles fora atingido no peito e o sangue corria abundantemente. Outro, de bruços, agitava braços e pernas. O oficial inglês rolava no chão, perto de mim, com o rosto ensanguentado, sem o olho direito".[6] A sua depois, quando trava um duelo com o inimigo: "O chefe dos pathans precipitou-se sobre o cadáver, atravessando-o três ou quatro vezes com a espada. Então esqueci tudo, cego pelo desejo de matar esse homem. Levava comigo a longa espada de cavalaria, bem afiada. E conquistara a medalha no campeonato de esgrima das Public Schools. Resolvi vencê-lo num combate pessoal *à l'arme blanche*".[7] Que aventura!, regozija-se o rapaz, exaltado pela batalha e correndo para o perigo com júbilo. Churchill está por fim em seu elemento. Pensando, depois dos recontros, no resumo que o telegrafista fará em Londres, Churchill compreende de que lado da História precisa viver e o diz com lirismo:

> [...] o campo de batalha com o sol brilhando sobre as águas lamacentas em torvelinho; os negros rochedos ameaçadores; as tendas brancas da brigada uma milha vale acima; a longa faixa de cor verde viva dos arrozais à beira do rio; e, em primeiro plano, os homens armados, vestidos de marrom. Nunca poderei ter dúvidas sobre qual o lado certo para se estar. Mais vale estar criando a notícia do que recebendo-a, ser ator do que crítico.[8]

Para sua grande alegria, o correspondente de guerra é mencionado por sua bravura pelo general Jeffreys, mas isso não elimina sua objetividade de jornalista: tudo aquilo era necessário? Citando as operações de pacificação das aldeias (casas sistematicamente destruídas, poços aterrados, colheitas queimadas...), o jovem, que em 1930 se tornou memorialista de sua juventude, recordará com circunspecção do vale transformado em deserto e sugerirá, de maneira profética, que, entre a honra e uma vingança inútil e perigosa para o futuro, a diferença é mínima. "A honra fora lavada."[9] Mas a que preço?

Porém, mais do que as dúvidas discretas e a provável ironia de certas frases, foram os conselhos de Churchill ao voltar, no último capítulo da narrativa extraída de sua aventura, que irritaram a hierarquia militar. Ao mesmo tempo que prestava homenagem "ao trabalho da cavalaria", o jovem subtenente já tomava a liberdade de apresentar ao público um "memorando" (o primeiro de uma lista infinita!) sobre a futura ação do exército no Império, rejeitando a política pusilânime e preconizando o emprego, em proporções iguais, de tropas britânicas e autóctones previamente formadas.

De novo, ao voltar, o tédio espreita com a rotina monótona da paz. No mapa-múndi, Churchill procura lugares onde sua vida possa ser gloriosamente escrita. Seu dedo aponta agora para o Sudão, que os dervixes revoltados, em nome do mádi, tomaram do Egito, aliado da Grã-Bretanha. À frente do exército anglo-egípcio, o general Herbert Kitchener avança em direção a Cartum; por que não pedir para ir junto? – pensa Churchill. Mas Kitchener, que tomou conhecimento dos feitos e dos artigos do atrevido com fama de arrivista e caçador de medalhas, opõe-se peremptoriamente à sua ida. Churchill não entrega os pontos, recorre ao ministro das Relações Exteriores, lorde Salisbury, que, intrigado com aquele jovem soldado-escritor de origem nobre, desejou conhecê-lo. Teimoso, ele bate em todas as portas, insiste. Mais uma vez, o acaso o ajuda: em julho de 1898, morre um oficial do 21º regimento de lanceiros e, se pagar o próprio transporte,

Churchill poderá assumir seu lugar. O jovem agora conhece o método para viajar "de graça": negocia um contrato com o *Morning Post* para cobrir o conflito.

2 de agosto. Winston está no Cairo. Descida do Nilo, trem, barco. Início de setembro: está no teatro de operações e assiste ao choque monumental entre os dois exércitos às margens do Nilo. De um lado, 60 mil dervixes com sabres e, de outro, 25 mil soldados anglo-egípcios com oitenta canhões. É a batalha de Omdurman. Aqui, o jornalista se faz secretário da História:

> Nunca mais veremos algo como a batalha de Omdurman. Foi o derradeiro elo da longa série de combates espetaculares cujo esplendor e majestade tanto concorreram para cercar a guerra de uma auréola de glória. Tudo era visível a olho nu. Os exércitos avançavam e manobravam na superfície lisa das desérticas planícies que o Nilo, ora cor de aço, ora cor de bronze, atravessava em grandes curvas caprichosas. A cavalaria carregava a galope em boa ordem e a infantaria, armada de lanças, a esperava disposta em linhas ou em massas para resistir.[10]

É, portanto, um choque de civilizações, diríamos hoje, mas é também o fim de certa forma de guerra em que a carga de cavalaria e o corpo a corpo vão dar lugar ao triunfo da máquina.

> O antigo e o moderno iam se defrontar. As armas, o método e o fanatismo da Idade Média iam entrar, por extraordinário anacronismo, em colisão com a orga-

nização e as invenções do século XIX. O resultado não foi surpreendente. À medida que os descendentes dos sarracenos desciam pelas suaves rampas que conduziam ao rio e ao inimigo, eram recebidos pela fuzilaria das duas divisões e meia de infantaria perfeitamente instruídas, dispostas em duas fileiras cerradas e sustentadas pelo fogo de pelo menos setenta canhões na margem do rio e nas canhoneiras, todos atirando com grande precisão.[11]

E Churchill será a testemunha direta e entusiasmada dessa supremacia dos canhões sobre as armas tradicionais, pois, não podendo usar o sabre em razão da luxação mal curada do ombro, o lanceiro será munido de um revólver de dez tiros que salvará sua vida várias vezes, poupando-o do corpo a corpo! "Como é fácil matar um homem!"[12] Saldo: 10 mil mortos e 25 mil feridos do lado dos dervixes; 48 mortos e 428 feridos do lado do exército anglo-egípcio. Vitória acachapante. Na realidade, uma carnificina e abusos vergonhosos praticados pelo próprio Kitchener (feridos massacrados, túmulo do mádi* profanado e seu crânio transformado em cinzeiro). Churchill, que sempre acreditou ser necessário dar mostras de brandura para com os vencidos, para preparar a paz vindoura, não se esqueceu disso em seus artigos, apesar da fascinação que sentia pela guerra.

Estes, aliás, lhe angariam uma pequena fortuna (cinco vezes mais que três anos de soldo) e o incentivam a fazer o

---

* Fundador do Estado mádi, Muhammad Ahmad Ibn Abd Allah Al-Mahdi, alegando ser o mádi anunciado pelo Islã, teve o túmulo profanado quando da intervenção britânica em Omdurman, em 1898.

relato da campanha do Sudão, pois, de regresso a Bangalore em dezembro de 1898, ele reencontrou a rotina do regimento, que decididamente já não lhe convém, depois de ter saboreado a aventura. Em fevereiro de 1899, ele pede baixa e volta à Inglaterra.

Winston na terra dos bôeres

De volta à Inglaterra, Churchill tem a primeira (infeliz) experiência política. O Partido Conservador lhe propõe uma iniciação na circunscrição de Oldham, em Lancashire, ao norte de Manchester. É um desafio quase impossível de vencer, pois a região mineira, em plena crise de desemprego, está nas mãos dos liberais. Não faz mal! O jovem põe-se em campanha com entusiasmo, mas ainda não tem envergadura para superar causas perdidas de antemão. Em 7 de julho de 1899, é derrotado e, durante algum tempo, precisa renunciar à carreira política.

"Felizmente", ele não precisa esperar por muito tempo um novo sinal do destino. Em 11 de outubro de 1899, é declarada a guerra entre a Inglaterra e as repúblicas bôeres de Orange e do Transvaal, na África do Sul. Churchill volta imediatamente a prestar serviço como correspondente de guerra junto ao *Morning Post*, negociando outra vez uma robusta remuneração (despesas pagas e mil libras pelos quatro primeiros meses de permanência). Embora continue não duvidando das boas razões da Grã-Bretanha de travar guerra contra as duas repúblicas encravadas no centro do país (na verdade, haviam sido descobertas jazidas de ouro, e cada vez mais britânicos pouco escrupulosos não paravam de chegar, a ponto de provocar perturbações consideradas insuportáveis), Winston logo irá avaliar *in loco* as qualidades de combatentes de seus inimigos. Na verdade, irá vê-los bem de perto!

Em 31 de outubro de 1899, Winston Churchill desembarca na Cidade do Cabo e ruma para Durban, a fim de se dirigir a Ladysmith na província de Natal. É lá que as tropas britânicas estão levando uma surra, e os combates estão ferozes. Nessa ocasião ele toma um dos trens blindados, que os ingleses fretam para transportar reforços, a fim de atravessar territórios dominados pelos bôeres. "Como não podia deixar de ser", os bôeres o atacam e o descarrilam. Churchill não pode ser mero espectador do perigo: toma imediatamente a decisão de intervir e tentar resolver a situação. Sai debaixo de fogo e chega à frente do trem, onde convence, com dificuldade (a eloquência, sempre...), o maquinista petrificado a usar a locomotiva, que tinha ficado sobre os trilhos, para liberar na marra os vagões tombados. Ao cabo de setenta minutos de esforço, debaixo de uma chuva de balas, eles finalmente conseguem pôr o comboio em marcha. Churchill, nessa altura dos acontecimentos, sai incólume, ao passo que outros, a seu lado, não têm essa sorte. Mas isso não basta. O trem, ao partir, deixa no local os vagões de trás desengatados, onde se encontram os soldados que defendiam a posição durante a operação de salvação. Abandonar os seus? Seus companheiros? Seus amigos? Nem pensar! Churchill desce do trem e corre ao encontro deles, sem levar sua arma. É pilhado pelos bôeres, que o fazem prisioneiro com o restante da tropa que ele pretendia salvar, não se sabe como.

Levado a Pretória, onde escapa do conselho de guerra, fica preso com os companheiros de infortúnio numa escola militar, onde esse filho de lorde que não passa despercebido é tratado mais do que convenientemente. É pouco dizer que ele detestou esse curto período de encarceramento. O memorialista de sua fogosa juventude escreverá:

> Enquanto isso, a guerra continua, grandes acontecimentos se produzem, escapam estupendas ocasiões de aventura e de ação. E os dias não acabam. As horas se arrastam como centopeias paralíticas. Nada distrai. Ler é difícil, e escrever, impossível.[1]

Uma prisão, ainda que dourada, é sempre uma jaula onde a pessoa se enfada miseravelmente. Churchill talvez venha a se lembrar disso quando, ao se tornar ministro do Interior, encarregado das prisões, tentará melhorar as condições de encarceramento, propondo distrações (livros, atividades manuais) para enganar a rotina sem futuro que o fez sofrer tanto. Em 30 de novembro, dia de seu aniversário, ele dirá: "Hoje faço 25 anos – como resta pouco tempo! É horrível!".[2]

Depois de tentar em vão ser solto, pôr em jogo suas relações e fazer crer que, no trem blindado, ele não passava de um jornalista armado com uma mauser, Churchill decide forçar as coisas. A escola não é uma prisão de muros muito altos: é possível fugir. É preciso fugir! Uma noite, ele consegue burlar a vigilância dos guardas, e então tem início um périplo rocambolesco a pé, depois num trem de carga, com 75 libras e chocolate no bolso. Assim que amanhece, as autoridades reagem, oferecendo uma recompensa pela captura daquele inglês que os humilha, escapulindo debaixo do nariz deles! "Vinte e cinco anos, um metro e 65, aproximadamente, constituição mediana, anda com as costas ligeiramente encurvadas, tez pálida, cabelos castanhos arruivados, bigodinho quase invisível, fanho, não consegue pronunciar a letra S, não fala holandês, em conversas longas de vez em quando pigarreia, da última vez que foi visto usava terno marrom."[3] Depois de percorrer 120 quilômetros em trinta horas de escapada, o fujão já não aguenta mais e, com fome, exausto e – cumpre dizer – desanimado, decide bater ao acaso à porta da primeira casa de uma aldeia finalmente avistada no meio da paisagem deserta. O risco compensa... Como não estar convencido disso uma vida inteira quando, perdido no coração do território inimigo, o ser que lhe abre a porta é o diretor inglês das minas de carvão do Transvaal? John Havard dá comida a Churchill e o esconde numa mina, onde ele tem a companhia de ratos e de um bom livro, antes de ser ajudado por cúmplices a ir de trem até Moçambique, onde o milagroso fugitivo terá acesso ao consulado britânico.

As autoridades de Durban, que em seguida acolhem Winston naquela véspera de Natal, precisavam mesmo daquele jovem aureolado de glória por ter defendido um trem blindado e depois fugido das prisões de Pretória. A situação militar não anda muito boa em meio às dificuldades e às derrotas registradas, e a pequena aventura de Churchill tem ares de proeza histórica. Festeja-se o herói do dia, que é carregado em triunfo ao som de fanfarra. Ele retoma rapidamente a pluma para escrever ao *Morning Post* e preconiza o envio maciço de tropas como reforço para obter a vitória. "Há necessidade de mais corpos irregulares. Acaso todos os cavalheiros da Inglaterra estão caçando raposas? Por que não a cavalaria ligeira inglesa? Por nossa honra varonil, por nossos devotados colonos, por nossos soldados mortos, devemos perseverar nesta guerra."[4]

Por uma questão de coerência, Winston pretende voltar a atuar como militar, a fim de dar sua contribuição para a vitória. É incorporado no regimento do coronel Byng e participa de vários combates em Ladysmith, no Estado Livre de Orange e em Johannesburgo. Contudo, embora as tropas britânicas aos poucos retomem o controle da situação depois de amargarem derrotas sangrentas, isso ocorre sem verdadeira glória e à custa de pesadíssimas perdas para um inimigo combativo e tremendamente eficiente. Churchill discerne bem os erros estratégicos de seus superiores, mas, como soldado (sem soldo) e jornalista (bem remunerado), é obrigado a calar-se até regressar em julho de 1900, quando formulará o que sempre será sua linha de conduta na guerra: "Poupar os submissos e combater os soberbos".[5] Evidentemente, ele entendeu que não se pode mais fazer guerra como lhe foi ensinado em Sandhurst. Ao considerar a resistência tenaz dos povos convencidos a lutar pela liberdade e o uso de novas armas, algumas não regulamentares, Churchill tem a intuição de que as virtudes marciais de outrora já não proporcionarão as vitórias de amanhã; os tempos estão mudando, e um novo século, começando.

Churchill ainda se detém em seus sonhos de escritor, redigindo *Savrola*, seu único romance, no qual projeta suas próprias ambições. Mas as aventuras narradas já são menos militares e mais políticas. A escrita já é um meio de vida: a quantia obtida pela venda dos 140 mil exemplares de *London to Ladysmith via Pretoria* soma-se à proveniente das conferências dadas na Inglaterra e nos Estados Unidos. Sua independência está garantida.

A ascensão de um verme fulgurante

Em 21 de setembro de 1900, Winston Churchill é eleito pela primeira vez naquela circunscrição de Oldham que o rejeitara um ano antes e agora era conquistada pela auréola das aventuras dele na Índia e no Sudão. Seu primeiro discurso diante de colegas e adversários da Câmara dos Comuns só é proferido em 14 de fevereiro de 1901. A morte da rainha Victoria em 22 de janeiro e a ascensão ao trono do novo soberano, Eduardo VII, atrasaram um pouco a abertura dos trabalhos parlamentares. É possível imaginar o misto de impaciência, exaltação e angústia daquele jovem deputado de 26 anos, levantando-se de seu assento para tomar a palavra no exato posto que seu pai ocupou antes da queda. Naturalmente, Churchill preparou o texto com um cuidado infinito e decorou-o, para poder melhor encená-lo e notar as reações do público. Também escolheu um assunto pelo qual tem paixão e que conhece de modo especial: a política militar do Império e a defesa da empreitada colonizadora, no momento em que Kitchener sofre os ataques da oposição por sua ação na África do Sul. Evidentemente, quem fala nesse dia é o herói fugitivo e depois combatente, obtendo os aplausos de seu campo. Os adversários, por sua vez, registram: o filho de Randolph Churchill é talentoso, muito talentoso mesmo.

Seria melhor tê-lo consigo do que contra si... Isso é inconcebível? Talvez não.

Winston Churchill muito depressa entra em conflito com as posições defendidas pelo Partido Conservador, em especial no que se refere à política econômica e comercial do país. Balfour, o primeiro-ministro, optou por uma posição protecionista e recusa-se, por ideologia, a tomar a iniciativa de fazer profundas reformas sociais. Churchill, por sua vez, é muito favorável ao livre-comércio e não se abstém de afirmá-lo em todas as oportunidades. Além disso, sua atitude paternalista para com o povo e sua desconfiança em relação aos socialistas o incitam a preconizar políticas sociais semelhantes às implantadas na Alemanha pelo chanceler Bismarck. Ele aproveita o tempo na tribuna, toda vez que é possível, com formulações num sentido que nem sempre é posto a serviço de seu campo: "De minha parte, não vejo muita glória num Império senhor dos mares, mas incapaz de limpar esgotos",[1] declara em dezembro de 1901. Em certa medida, está sendo fiel às convicções do pai, cuja biografia ele justamente vai escrever entre 1902 e 1905.

A personalidade forte e o caráter íntegro não o comprometem nem com a prudência nem com a diplomacia: em breve o deputado conservador encontrará os piores inimigos dentro de seu próprio campo, por não medir palavras e preferir suas convicções pessoais à fidelidade partidária. Tem violentos atritos com Balfour e Chamberlain; também não hesita em votar contra seu campo quando considera justo e necessário. Seus "colegas" acabam por se retirar da Câmara quando ele toma a palavra, o que o afeta profundamente. Em 12 de abril de 1904, quando se prepara para falar, ele tem um súbito lapso de memória, gagueja e acaba por desmoronar, escondendo o rosto nas mãos. O espectro do pai, caindo dez anos antes no mesmo local, o assombra. E se ele também estivesse condenado ao fracasso? Sendo mais sólido e ambicioso, ele se reergue. Winston tira conclusões do episódio e do encadeamento de eventos que o precederam. E ocorre o inconcebível: em 18 de abril, Churchill se candidata nas eleições defendendo o livre-comércio com o apoio dos liberais. Em 31 de maio, o divórcio se consuma: ele passa para o campo liberal, atravessa a Câmara e vai se sentar ao lado de Lloyd George, que não sabe se deve se alegrar ou se preocupar com a chegada daquele recruta novato, mas tão impetuoso. Voltando em 1924 para o campo que havia abandonado vinte anos antes, ele dirá: "Todo mundo pode virar casaca, mas é preciso certa habilidade para desvirá-la".[2] Enquanto essa nova virada não ocorre, Churchill se engaja com veemência na oposição: alguns que bradam traição e o tratam de "rato de Blenheim" não se espantam realmente quando o veem brandir suas armas retóricas contra os amigos de ontem. Às vezes ele chega tão perto do insulto que o próprio Lloyd George é obrigado a acalmar aquele convertido de última hora. É que Churchill se impacienta: os discursos o apaixonam, mas para quando a ação? Para quando o poder?

Em 4 de dezembro de 1905, Balfour renuncia e, antes das eleições legislativas de 1906, é nomeado um governo provisório, sob a condução do chefe do partido liberal, sir Henry Campbell-Bannerman. Chegou a hora de Churchill, que acaba de festejar 31 anos de idade. É tempo de governar.

Embora lhe ofereçam uma pasta predominantemente econômica, Churchill, prudente e estrategista ao mesmo tempo, prefere ocupar o posto de vice-ministro das Colônias. A questão, como se sabe, é importante para ele, que a domina. Além disso, seu ministro tutelar, lorde Elgin, vinte anos mais velho do que ele, vai lhe ceder o lugar com frequência na Câmara dos Comuns, pois tem assento na Câmara dos Lordes. Winston se lança na aventura do governo com o mesmo ardor com que foi ao front. Produz inúmeros memorandos e relatórios sobre os assuntos mais diversos. Inunda lorde Elgin e seus colaboradores com notas mais ou menos peremptórias, urgentes e, sobretudo, indispensáveis, às vezes esquecido de que não está no comando. Elgin não se ofende, ainda que não hesite em ser firme e lembrar ao outro quem dirige o navio do Império. Direciona seu ardoroso vice-ministro sem o refrear. Da passagem de Winston pelo posto pode-se registrar principalmente duas decisões nas quais ele teve papel preponderante: em primeiro lugar, o trabalho de reconciliação realizado na África do Sul e o acordo de 1906, que confere governo autônomo aos Estados do Transvaal e de Orange (com sub-representação das populações negras, o que não deixará de ter consequências no apartheid...). Churchill participa da redação da Constituição dos dois Estados. Em segundo lugar, defenderá o prosseguimento da exploração colonial da África e sua ampliação até Uganda.

O gosto pela aventura se apodera novamente do vice-ministro, que não se satisfaz com a vida dos escritórios e com os embates na Câmara dos Comuns. De outubro a janeiro de 1908, ele vai à África negra e volta pelo Sudão para ver, compreender e melhorar a missão civilizatória que gaba na Assembleia. Dessa vez, faz um acordo com o *Strand Magazine*, que o financia em troca de alguns artigos exóticos e divertidos, capazes de inspirar sonhos aos leitores. Estes serão recompensados: as notas de viagem enviadas pelo vice-ministro-explorador oferecem safáris, caça ao leão e ao javali-africano, costumes e trajes espantosos e paisagens selvagens. Mas, como de hábito, Churchill também aponta para questões reais:

> Sempre nutri um sentimento de devotada gratidão por nunca ter possuído uma única jarda quadrada desse bem perverso chamado "terra". Mas confesso que, viajando pelas montanhas do Leste da África pela primeira vez, aprendi como é a sensação de avidez fundiária. Podemos reprimir, mas não abolir, o desejo de demarcar uma dessas belas e vastas propriedades, com todas as recompensas que elas oferecem ao empreendimento e à inventividade a céu aberto. No entanto, ao redor, há homens que possuem milhares de acres férteis, com montanhas, rios e árvores frondosas, adquiridos por pouco ou nada, todos labutadores, todos irascíveis, nervosos, tensos, muitos decepcionados, alguns desesperados, alguns destruídos.[3]

Trata-se, no caso, de colonos. Mas Churchill prossegue:

> O que dizer do africano? Quatro milhões desses homens de pele escura vivem nos distritos do protetorado da África Oriental e estão submetidos, total ou parcialmente, à sua administração. Um número maior ainda reside além dessas fronteiras amplas em expansão. O que farão na conformação do futuro de seu país? Afinal, é a África *deles*.[4]

Para Churchill, deve-se associar os africanos ao trabalho e à exploração econômica da terra, mas até que ponto? Embora sugira, de passagem, quando sua "pluma divaga", que a África ficaria assustada ao descobrir os pobres da Inglaterra, ele não pensa em tornar os africanos proprietários, mas apenas bons soldados. Tal como Hugo antes dele, ele brada que a África deve ser tomada: "Concentrem-se em Uganda!", conclui com entusiasmo.

Um mês depois da publicação do relato de sua viagem à África, Churchill muda de função, sobe na hierarquia, pois se torna ministro da Indústria e Comércio. Embora a pasta conserve atribuições ligadas às colônias e, em última instância, à política internacional, o essencial das reformas por fazer diz respeito ao trabalho e à legislação social. Sem hesitações em relação às suas filiações políticas passadas, Churchill se lança com paixão e, provavelmente, com convicção na defesa do Estado-Providência: enfrenta a jornada semanal de trabalho, para reduzi-la nas funções mais penosas, impõe um salário mínimo para as atividades mais precárias, esboça os primeiros seguros-doença e seguros-desemprego, lança as bases das aposentadorias. Cria bolsas de trabalho para combater o desemprego e ajudar os pobres (nelas se encontram, especialmente, serviços sanitários e locais de reunião para os sindicatos). Em suma, ele envereda por uma via que não é a de seus interesses de classe e angaria inimigos por toda parte: é detestado pelos conservadores, que ele trata de "fortaleza da reação", enquanto os liberais não estão convencidos e o consideram um oportunista. Na verdade, ele é mais coerente do que se leva a crer: sua intenção é praticar uma política social que evite a revolução e se antecipe aos socialistas. Reformar para não mudar a ordem social: a coisa não é nova e, afinal, continua sendo conservadora. Mas, para reformar também é preciso ter meios. Para tanto, Lloyd George precisa adotar "o orçamento do povo", que horroriza os lordes: aumento de impostos, direitos progressivos de sucessão, taxação dos grandes rendimentos, da gasolina, dos ganhos de capital... Como de hábito, Churchill vai fundo pelo caminho que acredita ser melhor, mas é de se admitir que este o leva para bem longe de suas ideias de origem. Passa a defender a taxação do tabaco e do álcool! É quase uma revolução.

Outra transformação radical é a que ocorre em sua vida: Churchill já não está solteiro. A relação com mulheres não tinha sido, até então, determinante em suas escolhas existenciais. Apressadamente, ele tentara estabelecer algumas relações sem grande sucesso nem grande convicção. Dessa vez, é sério: aquele que se descreve como "de uma natureza muito autossuficiente e pouco comunicativa" encontrou Clemmie, Clementine Hozier, jovem bonita e culta, dez anos mais nova que ele, filha de militar e de boa família escocesa. Carinhosa, amorosa e, sobretudo, inteligente e paciente, tem tudo para resistir às provas que se anunciam e que seu marido deseja ardentemente. Mesmo se mantendo à sombra, ela não se apaga: equilibra Winston e será mais do que esposa. Clemmie é confidente, amiga. Casando-se em 12 de setembro de 1908 na igreja Saint Margaret, em Westminster, Churchill tem a sensação de missão cumprida: nesse âmbito, pelo menos, o caminho é retilíneo e foi totalmente traçado. Nenhum acaso nem aventuras em excesso; o marido será fiel e apegado à mulher e aos filhos. Nesse ponto, nunca tentará se parecer com os pais: "[...] 1908, data em que me casei e vivi feliz para sempre".[5]

Em fevereiro de 1910, é oferecida a Churchill uma nova e prestigiosa função no governo. Ao se tornar ministro do Interior, ele vai ocupar um cargo capital, porém nitidamente mais desconfortável do que os anteriores. Suas atribuições são inúmeras e bastante díspares (assinaturas de ordens de execuções, imigração, ordem pública, gestão de quartéis de bombeiros, das prisões, mas também agricultura e pesca, álcool e drogas...), mas tudo na medida de sua hiperatividade e de sua vontade de estar em todas as frentes ao mesmo tempo. Nesse momento ele tem muito a fazer e se dedica ao trabalho sempre com a mesma energia: reforma das prisões e das penas, reservas diante das demandas cada vez mais violentas das sufragistas, manutenção da ordem num contexto complexo de reivindicações operárias e ações anarquistas.

Três acontecimentos dramáticos vão marcar a passagem de Churchill por esse ministério e lhe angariar reputação de excessiva rigidez. Em 1910, desencadeiam-se greves nas minas, nas ferrovias e nos portos. Em novembro, em Tonypandy, País de Gales, a polícia, precisando enfrentar saques e agitações durante uma greve de mineiros, mata um deles. A situação está à beira de se tornar um tumulto. Pede-se o socorro de uma tropa, e Churchill, com prudência, reduz a tensão ao preferir enviar trezentos policiais londrinos que, ao final, não precisarão intervir. Quando o conflito está resolvido sem derramamento de sangue, o episódio é usado pelos deputados conservadores e trabalhistas contra o ministro do Interior. Os primeiros criticam sua moderação, enquanto os segundos falam do "massacre de Tonypandy", cuja responsabilidade seria de Churchill.

O segundo acontecimento que obriga o ministro a agir com urgência e o põe em maus lençóis é o "cerco da Sidney

Street". Na manhãzinha de 3 de janeiro de 1911, anarquistas letões que mataram três policiais refugiaram-se numa casa situada na Sidney Street. De novo, trata-se da intervenção de tropas; consultado ao sair do banho, Churchill dá ordem para isso e vai imediatamente para o local, movido tanto pelo dever quanto pela curiosidade. Lá, há um tiroteio. Que a ilustre testemunha tome a palavra:

> [...] e dos dois lados da rua, da própria rua e de numerosas janelas, os policiais e outras pessoas atiravam com fuzis, pistolas e espingardas, numa rapidez crescente, em direção à casa que abrigava os *desesperados.** Estes respondiam, a cada um ou dois minutos, atirando ora para um lado ou outro da rua, ora nos sitiadores à sua frente. As balas batiam nas paredes e ricocheteavam aqui e ali.[6]

Mas, quando o assalto tem início, a casa pega fogo. O ministro ordena que deixem queimar a construção e seus ocupantes – que serão encontrados carbonizados –, em vez de correr o risco de sacrificar a vida dos bombeiros para salvar criminosos. Os jornalistas estão lá e filmam Churchill diante da casa em cinzas, de cartola e casaco de pele. A oposição deita e rola, denunciando ora o cinismo, ora o desprezo, ora o exibicionismo do ministro. Winston admite que não tinha nada a fazer naquele lugar, mas aguenta firme.

Por fim, Churchill precisa enfrentar e resolver a questão das greves e das rebeliões que afetam a Grã-Bretanha. "A dificuldade não é garantir a ordem, é fazer isso sem

---

* No original, *desperadoes*, palavra de origem espanhola usada em inglês. (N.T.)

derramamento de sangue."[7] Ora, a greve dos trabalhadores das docas durante o verão de 1911 ameaça bloquear todo o abastecimento e provocar falta de alimentos. Em 19 de agosto, em Llanelly, no País de Gales, alguns revoltosos atacam um trem de carga e o saqueiam. Das escaramuças com soldados resultam quatro mortos. A intervenção, brutal, apesar de não ilegítima, põe fim à situação de crise, o que tem o efeito de decepcionar Churchill, que estava pronto a lutar como se fosse uma guerra civil. Novamente o criticam por seu evidente belicismo e por sua agressividade pouco propícia à paz social.

No mesmo período, como se isso não bastasse, Churchill se preocupa com a situação internacional, ao passo que suas novas funções políticas o voltam mais para problemas internos. Sua paixão, abandonada por algum tempo, volta a se impor, e a geopolítica torna-se de novo sua prioridade. Cabe dizer que, às vésperas do primeiro conflito mundial, as linhas de tensão se desenham com clareza cada vez maior, sobretudo nos limites dos impérios coloniais. Em 1911, é no Marrocos que se confrontam os interesses ingleses, franceses e alemães. Quando da crise de Agadir, o kaiser contestou não só a supremacia marítima britânica, como também provocou a França, fazendo um de seus navios de guerra (*La Panther*) ancorar no porto da cidade para afirmar suas intenções imperialistas sobre o Marrocos. Lloyd George não cogita tolerar essa provocação, e não se está longe da guerra. Evidentemente, Churchill segue os passos dele com entusiasmo. A crise é resolvida por meios diplomáticos, mas dela o ministro deduz que é preciso preparar-se para o pior. Para tanto, produz um memorando sobre a defesa da França em caso de ataque alemão pelo norte e pela Bélgica, que os altos oficiais da época teriam feito bem em ler.

A História se acelera à medida que precisa de gigantes. Em outubro de 1911, Lloyd George propõe a Churchill que mude de cargo e se torne primeiro lorde do Almirantado. Assim se realiza o sonho do menino que brincava com seus soldadinhos: finalmente ele é estrategista, finalmente ele é o comandante da primeira frota mundial, o protetor da ilha e de seu Império. Ele não sabe ainda, mas tem três anos à frente para reformar aquela honorável mas já antiga Navy, para que tudo esteja nos devidos lugares quando a guerra for deflagrada. Com o arrebatamento que já se conhece nele, está presente em todos os estaleiros, dos mais ínfimos aos mais importantes. Incrementar a construção naval para concorrer com a Alemanha, reformar e reorganizar o estado-maior, renovar o armamento, melhorar as condições de vida dos marinheiros, eleger o óleo como combustível… ele se preocupa com tudo, mesmo com o que não é de sua conta. Será mesmo papel dele ficar de olho na aviação e participar da criação da aviação naval? Será papel dele sonhar com uma unidade de tanques ou com um órgão de serviços secretos e informação? Sem dúvida, a marinha não lhe basta. E, se ele ainda não entendeu isso, os outros, irritados ou maravilhados, sim: só o cargo de primeiro-ministro ou a deflagração de uma guerra como o mundo nunca tinha visto antes estariam à altura desse homem ávido por ação.

Quando ela estoura na noite de 4 de agosto de 1914, Churchill está a postos, absolutamente determinado a vencer. Talvez até sorrindo.

Galípoli!

A deflagração da guerra parece decuplicar – se é que isso seria possível – as forças e a energia do ministro do Almirantado: não só "a frota está pronta" quando as hostilidades começam, como também, conforme seu hábito, Churchill continua antevendo as necessidades e as frentes, mesmo com o risco de se afastar muito de suas incumbências iniciais.

Ele organiza a defesa das costas do Mar do Norte e, para tanto, envia tropas britânicas à França, ao mesmo tempo que determina o bloqueio dos portos alemães. Entendeu que os primeiros pontos nevrálgicos do conflito se situariam no norte da França e na Bélgica, mas não se limita a isso: enxerga longe, ou seja, para além dos mares, pois essa guerra ultrapassa o choque das nações europeias. É preciso estender as medidas de defesa às frentes da África e da Ásia, mas sobretudo do Oriente. Além disso, Churchill tem suas manias, e estas se revelarão impressionantes intuições. Em primeiro lugar, fascinado por mensagens secretas, implanta tudo o que é necessário para decifrar os sinais da marinha alemã e conhecer as posições e intenções inimigas. Recruta para a Room 40 do Almirantado a equipe de especialistas que, uma guerra depois, desempenhará papel crucial na luta contra os nazistas ao descobrir o segredo de seu sistema de codificação de mensagens. Em segundo lugar, mesmo não estando (ainda) incumbido do armamento, Churchill se interessa muito pelo assunto, para melhor beneficiar a Inglaterra: convencido de que no conflito a vantagem penderá para o lado que usar novas armas (a ponto de defender, posteriormente, o uso de gases), ele incentiva a execução e o aperfeiçoamento técnico de tanques de guerra e apaixona-se por aviões, que aprende a pilotar, assumindo todos os riscos. Por fim, uma vez que as minas no Mar do Norte e no Oceano Índico já haviam causado grandes estragos à frota inglesa, ele entende a urgência de construir submarinos para compensar esse atraso em relação à Alemanha.

Mas em tudo isso há apenas teorias e princípios, e Churchill se irrita por não estar no coração da batalha. O ministro "hiperativo" não se contentaria com estudar as frentes de batalha em mapas e, quando perder contato com o terreno, pagará muito caro... Naquele início de guerra, portanto, ele vai várias vezes à França visitar as tropas britânicas para compreender melhor as complexas questões da situação e dar apoio moral aos soldados com os quais confraterniza com incrível facilidade. De Dunquerque, sobe para a Bélgica, pois o porto de Antuérpia é uma posição de abastecimento crucial, mas ameaçada. Portanto, deve ser mantida. Lá, os combates entre as tropas franco-britânicas e alemãs são terríveis, mas exaltantes, de modo que o ministro acabará esquecendo que tem outras responsabilidades também importantes, ou talvez até mais. Possuído por seu demônio guerreiro, parece perder a lucidez. Mais tarde, reconhecerá que nunca deveria ter ido a Antuérpia e tentado se valer de sua influência junto às autoridades competentes em Londres. Desse episódio, extrairá sabiamente uma lição que aplicará pouquíssimo em sua própria vida:

> Aqueles que estão encarregados da direção suprema dos assuntos públicos devem manter-se no cume do controle; nunca devem descer para os vales da ação direta, física e pessoal.[1]

Mas, por enquanto, é o comandante da frota inglesa que escreve esta carta ao primeiro-ministro:

> Se o governo de Sua Majestade julgar que posso ser útil aqui, estou pronto a renunciar e a assumir o comando das forças de socorro e defesa atuantes em Antuérpia, em conjunto com o exército belga, desde que me confiram a graduação e a autoridade militares necessárias e plenos poderes de comandante de uma unidade de destacamento em campanha.[2]

Essa solicitação, impensável em outro homem, elucida muito bem o caráter de Churchill: ele está obcecado pelo que, apesar de tudo, é apenas um detalhe do início da guerra, a ponto de negligenciar todo o resto. Está como que obcecado por sua ideia. E percebe-se como nesse ser excepcional a grandeza de visão às vezes se conjuga a uma forma de miopia que apaga a consciência da hierarquia dos fatos. Mais do que isso, o pedido de Churchill revela que ele continua se sentindo tolhido em sua função, ainda que ela seja tão importante quanto a direção do Almirantado. Ele quer "plenos poderes" para comandar; prefere segurar todas as rédeas do governo dos homens em contexto militar reduzido a ter a ilusão de decidir em vão no cume, bloqueado o tempo todo pelo peso da administração e pelas contínuas hesitações dos dirigentes políticos ou militares. Acontece que lorde Kitchener, com quem ele nunca teve boas relações, é o ministro da Guerra desde 5 de agosto.

Infelizmente, apesar da luta renhida das tropas da Entente, Antuérpia cai sob a investida alemã, e o êxodo das populações ocorre em condições abomináveis. Embora a resistência na qual Churchill tanto se empenhou não tenha sido totalmente inútil (retardou os alemães e permitiu estabilizar a retaguarda), o ministro está abatido por considerar, com razão, que foi um fracasso. É verdade que a imprensa britânica não é alheia às suas dúvidas: ela o critica violentamente pelas 57 vítimas inglesas da operação e, com mais justiça, por ter abandonado seu posto para ir bancar o estrategista fracassado em locais onde um ministro não deve estar. Mas Churchill logo recobra coragem, até porque a frota britânica obtém algumas vitórias, sobretudo na batalha das ilhas Falkland.

Os primeiros meses do conflito confirmam para Churchill, assim como para outros observadores, que já não é possível fazer guerra como no século XIX. É verdade que o ministro-soldado não para de se maravilhar com o ardor das tropas e, de modo muito especial, com a dos aviadores, novos heróis do conflito:

> Nunca a raça humana demonstrou a fortaleza que se tornou hábito comum dos seres humanos durante a Grande Guerra.[3]

Mas ele também vai tomar consciência da dimensão das importantes transformações provocadas por esse flagelo que os ingleses logo denominarão *Armagedon*. "A bússola está avariada. Os mapas, obsoletos",[4] escreve no sentido próprio e no figurado. A guerra passou a ser mundial, por causa das alianças e das colônias: segundo ele, ela só terminará quando todos os países estiverem engajados (a saber, os Estados Unidos) e com o esmagamento total do vencido, mesmo que haja o risco de comprometer a paz futura. Trata-se, portanto, de uma guerra mortal, com rosto novo, que exige a adaptação de estratégias, algo que os velhos militares manietados do War Office já não são capazes de fazer: armas novas, front imobilizado e guerra de posição nas trincheiras, operações sem ganhos, mas com alto custo em homens, enormes necessidades de munições... Tudo isso é tão diferente do século anterior, quando se lutava a cavalo, com trajes rutilantes e de espada em punho! Churchill não está longe de idealizar os combates de outrora, sentindo grande desencanto diante daquelas mudanças:

> O leitor observará até que ponto a arte da guerra decaiu. Em sua expressão suprema, nesta época melancólica e decadente, ela representa pouco mais que a junção de ações gigantescas para o massacre de homens por máquinas. Está reduzida a um negócio, como os currais de Chicago.[5]

Os homens grandiosos e heroicos já não têm realmente lugar no grande jogo da diplomacia nem nas valas lamacentas das trincheiras. Os comandantes do momento carecem de grandes ambições e só gostam da guerra se estiverem bem longe do campo de batalha:

> O guerreiro intrépido, cujo olhar penetrante detectava o ponto fraco das fileiras inimigas, cuja determinação sobrevivia a todas as provações da batalha e cuja chegada, em algum momento crítico, mudava o destino do conflito, esse desapareceu. Em vez disso, nossos generais, no dia da batalha, serão encontrados junto às suas escrivaninhas, em seus escritórios, cinquenta ou sessenta milhas longe do front, ouvindo com ansiedade as notícias de todo o mundo que escorrem do telefone, como especuladores donos de muitas ações quando o mercado fica nervoso.[6]

Embora escreva essas linhas após a guerra e, provavelmente, no contexto da crise de 1929, Churchill deve essas considerações amargas sobre a decadência do espírito militar àquilo que viu entre 1914 e 1918. A principal causa dessa degradação, segundo Churchill, é o regime democrático, que ele não rejeita em absoluto, mas cujas fraquezas não ignora. Todas as populações estão envolvidas no conflito: os civis enfrentam o êxodo ou trabalham nas fábricas, inclusive mulheres, e as condições de alistamento são ampliadas para se mobilizar maior número de soldados. Nas democracias, portanto, é o povo que vai à guerra, enquanto os políticos e os militares constituem comissões para conduzi-la. O país, segundo Churchill, é semelhante a um navio que ficou sem um capitão fixo e definitivo, onde se elege um governo passível de perder o leme a cada erro, diante de uma tripulação e de passageiros cada vez mais numerosos e indóceis. Isso equivale a dizer que o destino infeliz do *Titanic*, naufragado pouco antes, ameaça o grande transatlântico *Britannia*. O episódio de Dardanelos vai confirmá-lo.

Essa expedição marítima brota na mente de Churchill em janeiro de 1915 como reação ao impasse do front Oeste. É o início da guerra de trincheiras na França: o conflito se enterra, e as ofensivas são inúteis e terrivelmente mortais. Como desentravar essa situação de alto custo em homens e armas e, principalmente, tão perigosa para todo dirigente político que precise prestar contas dos progressos de seus exércitos à Assembleia e a seu povo? Admitamos que essa situação é de todo insuportável para o ministro do Almirantado, que odeia toda e qualquer forma de imobilismo e para quem a guerra de posição é um contrassenso absoluto.

Portanto, é preciso movimentar as linhas, e a melhor hipótese consiste em abrir outras frentes onde os exércitos alemães estejam em posição de menor força, para surpreender e enfraquecer o adversário. Os estrategistas ingleses hesitam entre o Báltico e Oriente, onde a Turquia acaba de se juntar à Aliança.* Inicialmente favorável à abertura da frente no Báltico (posição de Fisher, primeiro lorde do Mar), Churchill pende para a segunda opção, defendida por Lloyd George. Lorde Kitchener e Asquith, o primeiro-ministro, por sua vez, hesitam o tempo todo. Churchill, ao contrário, é de um natural decidido, ainda que possa se enganar magistralmente: o front terá de ser oriental, e a operação deverá ser realizada no estreito de Dardanelos. E apresenta alguns argumentos

* A Tríplice Aliança é constituída por Alemanha, Áustria-Hungria e Itália.

convincentes: os russos, atacados pelos turcos, pedem ajuda e podem ceder. Forçar o estreito, bombardeando os fortes da península de Galípoli, abriria caminho para o mar de Marmara em direção a Constantinopla. Derrubar essa cidade lendária e esse porto estratégico proporcionaria maior domínio de uma rota marítima crucial para se ter acesso a recursos e organizar o bloqueio dos países da Aliança. Na mente de Churchill, a ocupação eminentemente simbólica de Constantinopla deveria afetar de modo irremediável o poderio alemão... Ninguém consegue dissuadi-lo de sua obsessão, ajudada por seus extraordinários dotes oratórios: Troia, Napoleão, magia do Oriente... tudo serve para convencer os que o cercam de que o destino da guerra será selado ao largo de Santa Sofia e da Mesquita Azul. Churchill investiu e só se deterá em 18 de março de 1915 para resistir ainda algum tempo antes de fracassar como o conjunto da marinha aliada ao largo de Dardanelos.

Nessa operação, os erros foram inúmeros: em primeiro lugar, estão as hesitações permanentes de todos os atores do drama, reunidos na Comissão de Dardanelos. Discute-se tanto que é impossível tomar uma decisão eficaz e firme. Por exemplo, lorde Kitchener autoriza a expedição, porém, depois de muita procrastinação, demora a liberar o envio dos reforços terrestres para a ação combinada com a marinha – de modo que a decisão é tomada por Churchill –, influenciado por uma mensagem remetida pelo almirante Carden, presente no local, de só enviar ao combate a força naval para atacar os fortes turcos situados ao longo do estreito. Além disso, lorde Fisher, muito egocêntrico, hostil a Churchill e, sobretudo, em vias de perder o domínio de suas faculdades mentais, retarda a aplicação da maioria das decisões e põe sistematicamente entraves na ação de seu colega. Desse modo, ele recua até a deflagração das operações, em 18 de março, e exige tardiamente que os soldados franceses ajam em concerto com os britânicos, o que constituirá mais uma perda de tempo. Mas, além de serem incapazes de se ater a um plano firme (ataque combinado da frota e dos soldados *ou* ataque apenas da marinha), os ingleses subestimam lamentavelmente as capacidades dos turcos: estes, porém, são numerosos nos fortes, e seus canhões, apontados para os navios que veem chegar de longe, têm ótima mira. Também teriam de usar o efeito surpresa. Mas em 19 e em 25 de fevereiro, os ingleses já haviam atacado fortes turcos, destruindo-os sem dificuldade. O mau tempo (que também teria sido preciso levar em conta...) e as ordens contraditórias de Kitchener (ajam devagar!) tinham interrompido as hostilidades. Os turcos logo entenderam que os ingleses preparavam uma expedição de grande envergadura: teriam quase um mês para minar o estreito e enchê-lo de canhões.

Portanto, o que ocorre em 18 de março de 1915 é um naufrágio programado. As tropas inglesas e francesas abordam o estreito com dez couraçados e cruzadores. As minas estão à espera deles: o primeiro couraçado a afundar com 640 homens a bordo é francês (*Le Bouvet*). Outros três o seguem, e dois ficam fora de combate. As perdas são enormes, mas a questão ainda podia ser resolvida a contento quando se sabe que Constantinopla, no momento, está deserta e sem defesas, pois seus habitantes fugiram diante da primeira frota mundial! Porém, os dois comandantes ingleses que lá se encontram, o almirante de Robeck, que acaba de substituir

Carden, enfraquecido, e o general sir Ian Hamilton, decidem mudar de tática e interrompem o assalto para, finalmente, esperar os reforços terrestres de Kitchener e desembarcar na península de Galípoli. Em Londres, Churchill esperneia: quer continuar o combate para tentar a sorte e a passagem ao mesmo tempo. Mas é o único na comissão a dizer isso, enquanto os outros, muito satisfeitos por recuar e ostentar prudência, o desautorizam. O que acontece depois é catastrófico: em 25 de abril, cerca de 80 mil ingleses, australianos, franceses e neozelandeses, mal preparados e sem objetivo preciso, chegam a cinco pequenas praias desconhecidas do cabo Helles e enfrentam 60 mil defensores bem armados. Entre eles, o coronel Mustafa Kemal, futuro Ataturk. Fracassam de novo. Entre maio e junho, todas as operações para ganhar posição na península terminam em carnificinas. Quarenta e cinco mil homens do lado da Entente* lá perderão a vida.

Enquanto isso, em Londres, Galípoli também faz vítimas. As cabeças rolam, mas raramente alguém morre de fracasso político. Kitchener renuncia em 15 de maio e, em 17 de maio, Asquith pede a Churchill, que se tornou indefensável e é alvo de todas as críticas, que deixe o posto, oferecendo-lhe o cargo honorífico de chanceler do ducado de Lancastre. Imprudente e cego, Churchill resiste com estardalhaço, em vez de ser discreto: ele não larga mão. Não é responsável! "Não me furto a minhas responsabilidades, mas é uma inverdade dizer que fiz tudo isso por conta própria."[7] Renuncia em 23 de maio, sendo sucedido por Arthur Balfour no Almirantado. No outono, as tropas são reembarcadas na

---

* Tríplice Entente: França, Reino Unido e Rússia.

península de Galípoli, e em 8 de dezembro os últimos homens são evacuados. Saldo: 147 mil mortos e desaparecidos, 97 mil feridos e doentes de febre e disenteria do lado da Tríplice Entente; 154 mil mortos e 199 mil feridos do lado da Aliança. Um morto político: Churchill, isolado, abandonado e, sem dúvida, bode expiatório óbvio e barulhento de uma equipe incapaz de assumir seus graves erros.

"Estou acabado!", diz ele a quem ainda queira ouvi-lo.

Das trincheiras à forjadura das armas

Melancolia. "Bile negra." Negrume da alma, característica do gênio, segundo Aristóteles e Hipócrates. O mal de Hércules e de Michelangelo. Mal que derruba gigantes e os leva inexoravelmente à beira do abismo.

Churchill está abatido. Nada nem ninguém parece poder distraí-lo e arrancá-lo ao desespero por ter perdido tudo e caído como outrora seu pai. O Black Dog (cão preto), como ele chama, o assombra e transforma sua vida em deserto, apesar dos filhos, de Clemmie e de alguns amigos que não o abandonaram. Esse cão preto leva a pensar em outro cão que Churchill talvez tenha visto em reprodução: Goya, pintor espanhol, sombrio e também genial, pintou nas paredes de sua casa, a Quinta del sordo, uma cabeça de cão sem corpo olhando para o céu, perdido no meio de um grande vazio ocre, mas cercado de pinturas que representam sabás de bruxas e Saturno, deus da melancolia que devora seus filhos. Essa é precisamente a pintura que vai distrair Churchill, reequilibrar sua vida e consolar sua alma vacilante. Em 20 de junho de 1915 (em suas *Memórias*, ele menciona o dia exato, tão importante é), na casa dos amigos que o acolheram, ele dá com a caixa de tintas de uma criança e tenta a aquarela:

> Tal como um monstro marinho pescado das profundezas ou um mergulhador içado da água abruptamente, eu sentia minhas veias prestes a explodir sob o efeito daquela queda de pressão. Era grande a minha ansiedade, sem meio algum de alívio; eu tinha convicções veementes e poder nenhum para levá-las a efeito. Precisava assistir ao infeliz desperdício de grandes oportunidades e à frouxa execução de planos que eu tinha traçado e nos quais acreditava do fundo do coração. Tinha longas horas de inabitual ociosidade para contemplar o medonho desenrolar da guerra. Num momento em que todas as fibras de meu ser estavam estimuladas a agir, eu era obrigado a permanecer como simples espectador da tragédia, cruelmente instalado numa poltrona da primeira fila. Foi então que a Musa da Pintura veio em meu socorro [...].[1]

É o início de uma paixão que nunca mais o abandonará. Voltando a Londres, ele compra o material necessário, aprende pintura a óleo e, até o fim da vida, montará seu cavalete no coração das paisagens inglesas ou provençais. Motivos favoritos? Lugares extremamente diversos, da Riviera Francesa ao Egito, das Terras Altas ao Tâmisa, pois eles não se queixarão, dizia, de terem sido mal traduzidos! Suas técnicas? Luz e cores vivas em pequenos toques, atração pelo impressionismo e pelo pontilhismo. Seus mestres? Manet, Cézanne, Monet ou Matisse. Mais que hobby, a pintura para Churchill é um passatempo no sentido pleno da palavra. Permite-lhe pacificar sua existência tumultuosa e enganar o tédio e a impaciência que o corroem. O ex-ministro ocioso irrita-se por não poder agir. Quando se desespera por ver os erros acumulados de seus "colegas", volta o olhar para a tela, escolhe as cores, aperta com prazer o tubo de tinta e celebra a beleza de um mundo que vai desaparecer. A pintura tem os mesmos poderes da história: fixa o perecível e distrai do presente quando ele se eterniza. Além disso, compor uma tela assemelha-se à arte de conduzir uma batalha: plano de ataque e visão de conjunto, reconhecimento da paisagem que vai ser pintada, estudo dos pintores do passado e da história, escolha das cores como das armas... A guerra está por toda parte, até numa paleta! "Felizes os pintores – exclama Churchill –, pois não estarão sozinhos! Luz e cores, paz e esperança lhes farão companhia até o fim do dia, ou quase."[2]

Aos poucos, Churchill vai recuperando a esperança e reencontrando o gosto pela ação. "Mudar é a solução."[3] A guerra está longe do fim. O front da França é feito de lama e sangue: horrível, sem dúvida, mas sempre fascinante. Fisher não se enganara ao escrever com horror a respeito de Churchill: "A alegria da vida dele é estar a cinquenta metros de uma trincheira alemã!".[4] Mas lorde Kitchener se opõe a que Churchill assuma o comando de uma brigada na França. O ministro lhe faz sérias restrições e talvez tema a ressurgência daquele que acabará (será intuição?) tomando seu lugar um dia. Não faz mal! Esse tipo de proscrição nunca deteve Churchill, que atravessa a Mancha na qualidade de simples major e chega a Boulogne em 18 de novembro de 1915. É recebido com bastante frieza por seu amigo, o general John French, e, a pedido deste, vai fazer imediatamente um curso de guerra de trincheiras no 2º batalhão de granadeiros da Guarda perto de Merville. Churchill assiste às aulas, e quem o visse chegar com seu "equipamento", ou seja, sua banheira, sua reserva pessoal de bebida e seus hábitos de boa vida, acharia que aquilo não ia dar certo. Errado: aristocrata pelo tipo de vida, ele pode viver com muita simplicidade quando necessário. Adapta-se muito bem à rotina dura das trincheiras, até porque o consumo de álcool só é autorizado na primeira linha, o que constitui uma excelente razão para permanecer nela! Bom camarada, Churchill interage facilmente com os soldados:

> Para mim, sempre será motivo de orgulho ter conseguido me sentir perfeitamente à vontade entre esses homens e ter criado amizades que perduram ainda hoje. Demorei cerca de 48 horas para vencer o natural preconceito deles contra "políticos" de todo tipo, mas em especial contra os de cunho não conservador. [...] O tempo continuava atrozmente frio, mas aos poucos o coronel foi quebrando o gelo.[5]

Ele causa espanto por sua indiferença à morte e por sua coragem excepcional. É um dos poucos que não se abaixam quando as balas sibilam em seus ouvidos, alegando que já seria tarde demais, portanto inútil. Ou não tem nenhum medo de morrer ou aprendeu a viver com ele. Suas angústias são outras, mais profundas e inacessíveis aos que só buscam sobreviver. Ele ignora o medo da morte. O do esquecimento é mais difícil de enfrentar. Por isso, embora não se regozije com os horrores da guerra, diverte-se com os imprevistos da vida terrível do front: "Pensando bem, se não tivesse voltado para pegar a caixa de fósforos que tinha deixado na casamata de Flandres, por acaso não teria topado com o obus que caiu inofensivo cem metros à minha frente?".[6] A guerra é irônica, acossa aqueles que fogem dela. E, do outro lado da Mancha, Clementine treme ao ler cada carta do marido, que não hesita em plantar seu cavalete no front, entre dois assaltos.

Em 1º de janeiro de 1916, Winston é nomeado tenente-coronel no 6º Royal Scots Fusiliers. Também aí o ex-ministro-oficial consegue seduzir seus subordinados e se empenha sempre com o mesmo entusiasmo e a mesma eficiência em suas novas e humildes incumbências. Luta contra os piolhos e trava a batalha da higiene, da organização dos divertimentos nas trincheiras, estratégia às vezes... Churchill se ocupa, mas compreende que não é lá que ganhará a Grande Guerra. Portanto, combate tanto contra as linhas alemãs quanto na Câmara dos Comuns, para onde tenta voltar e fazer esquecer Galípoli. Mas, enquanto Kitchener estiver no cargo, nada mudará, e a expedição de Dardanelos maculará para sempre a sua reputação. Quantas vezes não ouviu "Galípoli! Galípoli!", quando tentavam fazê-lo calar-se na tribuna? No entanto, os obstáculos serão levantados quando o seu batalhão quase dizimado for transferido para o 7º Royal Scots Fusiliers. Ele se afasta pouco depois, em maio de 1916. Kitchener morre, e Lloyd George assume seu lugar no ministério da Guerra. Churchill acredita então que será chamado, mas ainda não é sua hora, e ninguém parece ter pressa de vê-lo de volta. Contudo, em março de 1917, a comissão parlamentar referente ao episódio de Dardanelos acaba por entregar seu relatório, cuja emissão tinha sido retardada por muito tempo. Ele traz à tona as responsabilidades de cada um no fiasco e, em particular, o papel de lorde Kitchener, que já não está presente para contestar. Esse relatório reabilita Churchill em parte, de modo que já não se pode atribuir-lhe legitimamente todos os males. Revigorado, ele se agita muitíssimo na Câmara dos Comuns e – fato novo – preconiza a intervenção dos Estados Unidos no conflito, angariando assim novos apoios.

Como mais nada se opõe a seu retorno ao governo, Lloyd George lhe propõe o cargo de ministro do Armamento. Não é guerra, mas é como se fosse, sobretudo quando se sabe como Churchill ignora solenemente os limites de suas atribuições. Sua tia lhe escreve na época, dizendo que evite a qualquer custo querer "dirigir o governo". Trabalho perdido! Talvez ele tenha tentado, no início, limitar-se às suas atribuições: "Embora não estivesse autorizado a traçar planos, eu tinha a incumbência de forjar armas".[7] Mas é tudo uma questão de guerra total, principalmente quando se tem a sensação de estar cercado de incapazes e se tem uma concepção muito ampla de armamento.

É verdade que o ministério é mais que vasto: 120 mil funcionários em cinquenta departamentos que Churchill se apressa a reduzir para dez e a reestruturar de maneira mais lógica. Divide as atribuições para obter mais eficiência de ação: ele dirige, e a administração segue, obedece e adapta. A prioridade é o fornecimento de munições, necessidade que, nas trincheiras, é monumental. Isso implica gerir os modos de produção e as condições de trabalho dos operários e mineradores que fazem cada vez mais reivindicações (o ministro ameaçará mandá-los para o front, se não trabalharem). Mas bem depressa Churchill se mete em estratégia, no momento em que as ofensivas na França terminam em fracassos trágicos e o moral das tropas está tão baixo que ameaça fazer a vitória pender para o adversário. Ele aconselha ações mais curtas e menos ambiciosas, depositando esperanças sobretudo na intervenção dos tanques de guerra. A história lhe dá razão: em Combray, as tropas britânicas penetram vinte quilômetros nas linhas alemãs. O ministro não resiste: vai ao local para apreciar a revolução daquela nova arma de guerra e saborear sua vitória.

Aproveitando, precisamente, que seu ministro do Armamento está sempre fora e que a atração do front se faz sentir de novo, Lloyd George o faz defender sua política na Câmara dos Comuns com a eficácia oratória conhecida, mas também o envia com regularidade à França. Lá ele conhece Foch, Pétain e Clemenceau, que o retém a seu lado um dia inteiro. Churchill fica profundamente impressionado com sua personalidade. O futuro leão reconhece no "Tigre" o grande conquistador que atravessa a História, deixando sua marca – aquele, sobretudo, que ele aspira vir a ser:

> Na medida em que um só homem, extraordinariamente engrandecido, pode encarnar uma nação, Clemenceau encarnava a França. É costume simbolizar as nações – leão britânico, águia americana, águia russa de duas cabeças, galo gaulês. Mas o velho tigre, com sua boina estranha e elegante, seu bigode branco e seu olhar de fogo, seria para a França um mascote bem melhor do que qualquer animal de galinheiro. Ele parecia saído diretamente da Revolução Francesa em seu momento mais sublime.[8]

Foch também o impressiona durante uma incrível sessão de explicação das manobras realizadas pelos franceses. Com uma pedagogia fora do comum, ele fala depressa e salta de um ponto a outro, imitando o avanço das tropas que penetram na linha inimiga ou recuam. Churchill reconhece aqueles homens como irmãos, que amam a guerra com paixão e desempenham seu papel com entusiasmo. A alguns metros do front, eles vibram e inalam o aroma das batalhas sem medo de morrer:

> Quando tive a oportunidade, disse-lhe em particular: "Esse tipo de excursão está bem uma vez só; mas o senhor não deve se expor ao fogo com frequência demasiada". Ele respondeu – reproduzo aqui suas palavras: "*C'est mon grand plaisir*".[9]*

Lloyd George confia a Churchill uma função diplomática na França: a Rússia revolucionária se retirou do conflito em novembro, o que aumentou ainda mais a pressão sobre a frente ocidental. Se os Estados Unidos não intervierem, a guerra estará perdida, pois a França não aguentará muito tempo mais. No início de 1917, portanto, Churchill é encarregado pelo primeiro-ministro de convencer Clemenceau a apoiar o pedido de ajuda que ele fez ao presidente Wilson, que acabará tirando seu país da neutralidade e fará a vitória pender para o lado da Entente. Assim que as tropas americanas chegam à Europa, o ministro do Armamento faz de tudo para criar um espírito de corpo entre elas e os soldados britânicos, integrando-as em seus batalhões. Nessa época, Churchill consegue, com felicidade, conciliar sua irresistível atração atlantista, seu amor à pátria e sua fidelidade à França. E isso é coroado com grande sucesso.

---

* É meu grande prazer. (N.T.)

Em 11 de novembro de 1918, o toque do Big Ben anuncia o tão esperado fim da guerra. Winston Churchill vai à casa de Lloyd George, no meio de Londres, que dança e grita de alegria. Ele festeja o fim das hostilidades bebendo champanhe com aquele que se tornou um amigo. Os dois sonham com o mundo que termina e com o que está chegando.

Entre dois mundos

"Ganhamos a guerra!" Apesar do entusiasmo e da vitória, a Inglaterra sai enfraquecida do primeiro conflito mundial. É, de fato, o fim do século que a colocara como líder da Europa e do Ocidente. As coisas mudaram em quatro anos, e Churchill, homem da era vitoriana, está bem consciente disso. A sociedade evoluiu: abriu-se para a Europa e para as outras culturas, as mulheres assumiram o lugar dos homens nas fábricas e não querem voltar ao lar. As que têm mais de trinta anos vão obter o direito de votar. O país também passa por profundas transformações: com 2 milhões de feridos e quase 900 mil mortos, sofreu uma terrível hemorragia. A guerra afetou a economia britânica ao entravar o comércio, que constituía sua riqueza. O banqueiro do mundo contraiu dívidas junto aos Estados Unidos, dos quais passa a depender mais, ao mesmo tempo que perdeu a autonomia agrícola e se fragilizou com greves e reivindicações sociais cada vez mais duras. Por fim, se a Grã-Bretanha conseguiu vencer, foi porque apelou para as populações autóctones do Império: indianos e africanos foram mobilizados em massa. Agora é preciso agradecer-lhes a dedicação e os sacrifícios (eles com frequência eram postos na linha de frente), enquanto não chegam suas reivindicações e suas demandas de autonomia.

Os países colonizados querem tornar-se parceiros daquilo que em 1931 se chamará Commonwealth. Alguns conservadores veem isso com maus olhos na Câmara: a Inglaterra perde algo da soberba e da influência mundial.

A visão que Churchill apresenta sobre a posição da Grã-Bretanha ao sair da guerra está dividida entre a lucidez quase melancólica (é preciso renunciar à hegemonia) e a vontade de defender o prestígio britânico, recusando o declínio.

Pragmático, o ministro do Armamento, que vai fazer campanha com Lloyd George usando um slogan demagógico, mas eficaz – "Enforquem o Kaiser! Que a Alemanha pague!" –, compreende que o equilíbrio de forças na Europa e o futuro da paz dependem das condições do tratado de Versalhes. Ao contrário do que é exigido pelos franceses, não se deve esmagar financeiramente a Alemanha nem a isolar do concerto das nações. Bem cedo, Churchill preconiza moderação e renúncia às reparações excessivas para evitar a crise econômica e diplomática que se anuncia e é profetizada na mesma época pelo economista Keynes em sua obra *As consequências econômicas da paz*. Se a paz parece precária a Churchill (o próprio Foch falará do tratado de paz como de um armistício de vinte anos), é porque ele não acredita muito na eficiência da Liga das Nações criada por iniciativa do presidente americano Wilson. Mesmo saudando esse progresso, ele percebe que ninguém está pronto para pôr em execução os meios necessários para que sejam respeitadas as exigências de paz, correndo-se, portanto, o risco de que elas permaneçam como letra morta. Churchill age como as pítias, antes de ser Cassandra:

> Contra a tempestade ainda distante que está em preparação, a Liga das Nações, abandonada pelos Estados Unidos, desprezada pela Rússia soviética, desconsiderada pela Itália, vista com desconfiança pela França e pela Alemanha, eleva timidamente, mas com fé, seus estandartes de sensatez e esperança. Sua estrutura, vaga e irrealista, constituída por um idealismo radioso, porém muitas vezes visionário, em sua forma atual é incapaz de preservar o mundo dos perigos que o ameaçam e proteger a humanidade contra si mesma. No entanto, é só por meio da Liga das Nações que se pode encontrar o caminho para a segurança e a salvação. Apoiar e ajudar a Liga das Nações é o dever de todos.[1]

A Liga das Nações existe, é indispensável, mas impotente. Os vinte anos que separam os dois conflitos mundiais se resumem nessas frases, redigidas nos anos 1930.

E Churchill imagina muito bem o cataclismo que está por vir: a futura guerra é das destruições em massa e das populações dizimadas com armas terríveis e desonrosas:

> Os heróis da guerra moderna jazem em campos cheios de crateras, mutilados, sufocados, marcados por cicatrizes; e são muitos para receberem honrarias individuais. É sofrimento em massa, sacrifício em massa, vitória em massa.[2]

Sem desistir do heroísmo (e a história lhe dará razão), Churchill diz adeus a um mundo que não era perfeito, mas cujo romantismo aventureiro lhe fará falta. Ele sente saudades, mas também uma curiosidade ávida em relação àquilo que vem chegando cheio de medos e rico em promessas.

Mas, por enquanto, é preciso voltar-se para preocupações mais banais e combates mais terra a terra, enquanto começa "o período de exaustão que foi descrito como paz".[3] Seria de esperar que, terminada a guerra, Churchill não tivesse mais nada que fazer. Seria não o conhecer. Seu grande desafio é garantir a desmobilização dos 3,5 milhões de soldados britânicos que voltam ao lar e precisam ter o que fazer, para evitar graves distúrbios, agitações que poriam em perigo a frágil paz social. Churchill organiza esse retorno à vida civil com grande eficiência: libera das obrigações militares os incorporados mais antigos, enquanto conserva na ativa os mais recentes, aumentando seu soldo com o que foi deixado pelos desmobilizados. Depois, o ministro prevê o futuro com maior ou menor clarividência, pois precisa compor com um governo pacifista e com uma situação de crise econômica que o obrigam a fazer cortes incisivos nos orçamentos militares. Portanto, faz escolhas menos justificadas por suas convicções do que por coerência governamental. É assim que Churchill dá início à política de desarmamento que ele mesmo criticará quando o perigo aumentar. Desse modo, reduz drasticamente os investimentos na aviação, pondo em votação a chamada Lei dos Dez Anos (*Ten Year Rule*), que organiza os gastos para a década seguinte e se recusa a considerar a possibilidade de qualquer conflito. Limita o número de esquadrilhas aéreas a 24, apenas duas para defender a ilha! Imagine-se o desconforto de Winston desmantelando seu próprio exército; contudo, põe nisso, como de hábito, toda a energia que usa para cumprir suas incumbências. Infelizmente!

Apesar disso, seu demônio belicista não se aplaca com facilidade e está sempre pronto a reerguer a cabeça. Não podendo mais lutar na Europa, Churchill procura outras frentes e outros inimigos. Seu antibolchevismo visceral, estimulado pelo assassinato da família Romanov pelos revolucionários, leva-o a assumir a causa dos russos brancos. Mas, diante das campanhas de imprensa e da hostilidade unânime dos deputados, ele é obrigado a desistir de uma ajuda logística. O combate, portanto, se desloca para a Câmara dos Comuns, onde as palavras substituem as armas. O ministro ataca incessantemente os comunistas, acusando-os de todos os males. Tratados de assassinos e criminosos, mas também de bando de perversos, fracassados e loucos, para ele encarnam a barbárie absoluta que impõe em seu solo o reinado do terror e da tirania. "Monstros implacáveis no poder", são os inimigos da civilização e da democracia. Como de costume, Churchill não usa meias palavras: "O bolchevismo não é uma doutrina política, é uma doença. Não é uma criação, é uma infecção".[4] E, em 11 de abril de 1919, declara: "De todas as tiranias que a História menciona, o bolchevismo é a mais medonha, destrutiva e degradante".[5] Sem dúvida exagerado nas palavras, Churchill dá mostras de uma lucidez que muitos políticos não terão e que o conduzirá a ver, antes deles, a queda da cortina de ferro sobre o Leste da Europa. Mas, nos anos 1920, o antibolchevismo choca uma parte da opinião pública britânica, tradicionalmente moderada, seduzida na época por reivindicações sociais que poderiam ser uma solução para sair da crise. Ela também não entende bem a estratégia de Churchill, que consiste em se aproximar da Alemanha recém-vencida para lutar contra a Rússia dos Sovietes: "Paz com o povo alemão, guerra à tirania bolchevique!",[6] clama o ministro. Poucos são convencidos por tais argumentos, mesmo quando o Exército Vermelho invade uma parte da Polônia.

Para "distrair" esse ministro da Guerra sem guerra e cada vez com menos soldados e armas, em 13 de fevereiro de 1921 Lloyd George lhe propõe voltar a ser ministro das Colônias. Provavelmente lhe causou boa impressão a maneira como Churchill participou da (mais que provisória) solução da questão da autonomia irlandesa. A guerra e a diplomacia às vezes têm pontos em comum, e ambas apaixonam Churchill. Em 1912, o Home Rule Bill, que concedia autonomia governamental à Irlanda, fora finalmente votado, apesar da oposição da Câmara dos Lordes. Mas o conflito internacional suspendera sua aplicação e, quatro anos depois, a situação tinha evoluído, exigindo a aceleração do processo de autonomia. Agora algumas reivindicações extremistas falam em independência total. As eleições de 1918 deram maioria aos radicais do Sinn Féin, cria-se um parlamento, e é proclamada a República Irlandesa, com De Valera na presidência. Na mesma época (janeiro de 1919), é fundado o IRA (Exército Republicano Irlandês), que promove uma guerra de guerrilha contra o governo britânico em Ulster. Como sempre, Churchill não aconselha a negociação: quer esmagar a rebelião para depois se sentar à mesa de negociações. Aí está um erro claro de estratégia, e o fato de incentivar a criação de contramilícias (os Black and Tans e os Auxis) conduz a um banho de sangue. A Irlanda vive então num clima de terror generalizado. Lloyd George decide pôr em ação a divisão do país: Ulster, ao norte, continua sob o governo britânico, e o restante da Irlanda é independente (Eire). O tratado de 6 de dezembro de 1921 prevê uma constituição que tem alguns artigos redigidos por Churchill, em especial tudo o que diz respeito à transferência dos poderes. Ele trabalhou em concordância com o chefe do IRA, Michael Collins, com quem criou laços de amizade (ambos têm em comum o fato de terem estado na prisão e relembraram com humor situações que os aproximaram). Infelizmente, a guerra civil não será evitada em 1923, quando De Valera recusa a separação, e os nacionalistas irlandeses se dividem violentamente.

Ao mesmo tempo rígido e flexível, Churchill convenceu Lloyd George de que ele poderia ser útil numa missão predominantemente diplomática, no momento em que o jogo das alianças se recompõe no Oriente Médio, e a Grã-Bretanha, senhora de Gibraltar e de Malta, deseja estabelecer posições na região.

Rígido, Churchill não se encaixará na África, onde defende a segregação nas colônias inglesas e recusa-se a conceder às populações negras (ou, mais tarde, indianas) a autonomia política que dá a outras, mais brancas ou julgadas superiores. Assim, é outorgada a independência ao Egito, desde que a coroa britânica conserve o controle do canal de Suez. O ministro das Colônias revela-se mais moderado e estrategista no Oriente Médio, ainda que nem sempre seja nisso apoiado por seu primeiro-ministro. Ele precisa administrar a questão da Palestina, onde as populações árabes e judias (que chegam em massa desde a declaração Balfour de 1917) têm cada vez mais dificuldades para conviver. Sem fazer escolhas firmes, ele toma consciência do risco de conflagração da região e concede direitos aos dois povos, na vã esperança de reconciliá-los. Na realidade, põe os dois lados em pé de igualdade, pois se recusa a escolher um deles. Com referência à Mesopotâmia, onde as jazidas de petróleo e de gás estão em vias de tornar-se tópicos comerciais e coloniais importantes, ele trabalha em parceria com o coronel Lawrence no Departamento do Oriente Médio, a fim de defender os interesses britânicos perante as pretensões francesas. Quando da conferência do Cairo, ele põe no trono do Iraque o rei Faiçal e o irmão deste na Transjordânia. Por fim, o tratado de Sèvres de 1920 entregava aos gregos territórios tomados à Turquia vencida (Trácia, Esmirna, as ilhas do mar Egeu), mas eles agora querem estender seu domínio à Anatólia. Churchill, que não é rancoroso, mas está inegavelmente interessado, defende a revolta liderada por seu inimigo de Dardanelos, Mustafa Kemal. Acredita que a Turquia é uma barreira importante contra a Rússia bolchevique: portanto, é preciso evitar enfraquecê-la e até defender sua independência. Nesse ponto, não é ouvido por Lloyd George, que dá apoio aos gregos quando da chamada crise de Chanak (cidade situada na zona neutra de Dardanelos, que os turcos querem recuperar). Estes são derrotados, e há risco de deflagração da região. Ocorre que a opinião pública inglesa protesta, pois não quer mais se envolver em guerras por povos distantes e interesses imperialistas que preocupam menos do que a crise e o desemprego. Atacado dentro de seu próprio partido, Lloyd George acaba perdendo as eleições no outono de 1922. E Churchill? Acometido de uma apendicite durante a campanha, recupera-se muito devagar e não consegue participar da batalha política em sua circunscrição. É substituído por sua mulher, mas ela não tem seu talento, e a crise de Chanak acaba vencendo os liberais. A opinião pública, cansada e precarizada, não quer mais saber deles, seja quem for. Winston perde tudo mais uma vez e constata com humor: "Num piscar de olhos, eu me vi sem ministério, sem assento de deputado, sem partido e sem apêndice".[7]

Não precisará esperar mais de dois anos para retomar o trabalho. Mas não sabe disso. No entanto, encara esse repouso forçado com menos dificuldade do que previsto, ainda que a depressão esteja sempre à espreita desse homem que, de acréscimo, enfrentou dois lutos no ano anterior: Jennie, sua mãe, morreu de gangrena, e Marygold, sua neta de dois anos e meio, de meningite. A pintura agora é um lazer constante. É visto montando a tela, de charuto na boca, em torno da *villa* Sonho de Ouro, onde passa seis belos meses, no Var. Retoma a pena com alegria, agora que dita ao secretário suas *Memórias* e sua visão da História, o que lhe possibilita trabalhar mais depressa e dar livre curso aos voos retóricos. Os dois volumes de *The World Crisis (1911-1915)* são redigidos em alguns meses apenas e publicados em 1923. O sucesso é grande, mas a crítica não se deixa levar e aponta com ironia o eterno problema da projeção narcísica: "Winston escreveu uma obra enorme sobre si mesmo e a intitulou *A crise mundial*".[8] Seus dois livros, porém, lhe rendem 20 mil libras, com as quais ele compra e reforma uma bela mansão situada em Kent: Chartwell.

Mas, rapidamente, os grandes debates políticos o atraem de novo, e a história vai se repetir ao inverso: sempre fervoroso defensor do livre-comércio, Churchill vê com prazer que os conservadores, tradicionalmente adeptos do protecionismo, se aliam à sua posição (ou pelo menos ele acha!), enquanto os liberais fazem, a seu ver, uma aliança espúria com o trabalhismo. Portanto, ocorre uma reaproximação com seus antigos "amigos", e Winston volta às origens políticas. Num artigo ironicamente dedicado à "constância em política", Churchill, tão volúvel nesse assunto quanto é fiel no amor, adotará as palavras de Emerson:

> Expresse o seu pensamento agora com palavras firmes, e amanhã, expresse o pensamento de amanhã também com palavras firmes, ainda que isso contradiga tudo o que você disse hoje.[9]

No verão de 1924, o Partido Conservador de Epping lhe propõe justamente um assento de deputado nas eleições que se aproximam. Em 29 de outubro, ele é eleito pela legenda conservadora e entra no governo Baldwin como chanceler do Tesouro.

Ministro da Fazenda! É o segundo posto do Estado e, principalmente, foi o posto brevemente ocupado por seu pai. Que ascensão! Só falta não terminar como ele...

Será essa a razão secreta da extrema prudência do novo chanceler? Ele é considerado ortodoxo, porque fiel às teses conservadoras que exigem moeda sólida, incentivo ao consumo por meio da redução dos encargos fiscais e moderação nas reformas sociais. Nesse cargo, Churchill não é revolucionário, e sua imaginação não pode se expandir. A economia não é um campo que ele tem a sensação de dominar:

> Se pelo menos fossem almirantes ou generais... Eu falo a língua deles e posso vencê-los. Mas, depois de certo tempo, esses sujeitos começam a falar grego, e aí não entendo mais nada![10]

Portanto, percebe-se que ele se restringe a suas funções e trabalha em harmonia com Baldwin e Neville Chamberlain, encarregado da Saúde. Mas o contexto econômico está difícil: o chanceler reduz os impostos para a classe média, a fim de favorecer o desenvolvimento das riquezas oriundas do trabalho, eleva as taxas de sucessão e cria várias taxas sobre automóveis, filmes, apostas em cavalos (então desencadeia uma grita geral). Com o dinheiro assim obtido, ele pretende financiar novas regras de seguridade social (idade de aposentadoria reduzida a 65 anos, pensões para as viúvas após a morte do marido, construção de moradias de baixo custo...). Mas essa política carece de ambição e de adaptação em plena crise industrial e, em breve, financeira. A Inglaterra enfrenta a concorrência dos Estados Unidos e do Japão; seria preciso inovar, e Churchill se limita às receitas do século anterior, quando o país tinha hegemonia financeira. Ele comete mais um erro: visto que a libra tinha sido depreciada em 10% ao sair da guerra, ele acredita poder restaurar a imagem de uma economia vacilante retornando, em abril de 1925, à convertibilidade em ouro. Segundo suas palavras, foi "o maior erro da [sua] vida".[11] A crise industrial se agrava, e a Inglaterra passa por todas as dificuldades para exportar. É mais do que os operários e os trabalhadores ingleses podem suportar.

Em 4 maio de 1926, a greve geral paralisa a Inglaterra, que fica sem imprensa, sem transportes, sem luz nem gás. Como que num prelúdio da Segunda Guerra Mundial, a população se organiza e se adapta com uma calma notável. Churchill, por sua vez, não muda e rejeita qualquer concessão. "Estamos em guerra!", declara, quando acaba de criar seu próprio jornal, a *British Gazette*, no qual redige pessoalmente artigos impiedosos sobre os grevistas "vendidos aos comunistas". O chanceler entra em conflito direto com a Federação de Sindicatos (Trades Union Congress - TUC), que apoiou as greves, e não cede nada. Os sindicatos desistem já em 12 de maio sem nada terem obtido, mas os mineiros aguentarão seis meses em condições terríveis. O chanceler, fiel a suas convicções ("Na guerra: resolução; na vitória: magnanimidade"*), tenta negociar com os proprietários mineradores para arrancar deles algumas medidas sociais: em vão. No fim da crise, quase todos tinham se tornado inimigos de Churchill, inclusive num campo político recém-reconquistado para lhe garantir sólidos apoios.

As consequências não se fazem esperar muito tempo: as eleições de 1929 rejeitam em bloco o chanceler e seu partido. Ele fica de novo sem cargo, volta a ser simples deputado, mas dessa vez por muito tempo.

---

* Mais exatamente: "Na guerra: resolução; na derrota: intransigência; na vitória: magnanimidade; na paz: boa vontade", fórmula que serve de epígrafe à sua obra *Segunda Guerra Mundial*.

Entre duas guerras

1929-1939. Dez anos de exílio político. Apesar de estar sem cargo ministerial, Churchill não fica inativo. Precisa (re)aprender a humildade, como, por exemplo, não mais se sentar na primeira fileira da Câmara, deixando as notações sobre uma mesa para improvisar e bancar o ator, mas abaixo da passagem central, com os papéis na mão e pouco espaço, como todos aqueles que tenham a ascensão em vista.

Churchill nunca desiste: em 1929, ainda acha que vai voltar ao poder e luta contra Chamberlain e Baldwin, que, de comum acordo, decidiram livrar-se dele. Em várias ocasiões, quando poderia "se refazer", ele faz más escolhas, que o isolam ainda mais, para maior prazer de seus inimigos. Churchill nem sempre teve a Fortuna no seu lado, a não ser que ela o tenha poupado, naqueles tempos de perigo, para devolvê-lo ao povo como "novo" em sua próxima ressurreição. O fato é que o simples deputado se engana. Primeiro erro político: sua intransigência em relação à Índia e às reivindicações daquele que ele chama de "faquir sedicioso" (Gandhi!). Favorável à autonomia dos bôeres e dos irlandeses, opõe-se ferozmente à dos indianos, ao passo que um relatório parlamentar de sir John Simon aconselhava, já em 1922, a tornar a joia do Império um domínio com governo autônomo. Churchill, que não conhece a grandeza de Gandhi e despreza uma campanha de desobediência civil que teria admirado em outros, defende com unhas e dentes a dura posição imperialista e vocifera contra a entrega. Profetiza o fim da Inglaterra com um ardor oratório desesperador quando posto a serviço de tal causa. Aos sessenta anos, Churchill parece velho e já ultrapassado para muitos políticos da geração ascendente. No entanto, embora sua tese seja pouco defensável, nem todos os seus argumentos são desprezíveis:

> Entregar a Índia à autoridade dos brâmanes seria criminoso e cruel. Os brâmanes, que sempre tiveram nos lábios os princípios do liberalismo ocidental e assumem ares de filósofos democratas, são os mesmos que recusam o direito de viver a quase 60 milhões de compatriotas que chamam de *intocáveis*... Será funesto o dia em que o poder britânico deixar de garantir a proteção da lei a esses infelizes [...]. O assunto, aliás, apresenta um aspecto sórdido: agora, que se propaga pela Índia a ideia de que nossa força está destruída, de que estamos arruinados, excitam-se todas as espécies de apetites vorazes, e inúmeros gatunos tentam fisgar uma presa nessa grande pilhagem de um Império ao abandono![1]

Evidentemente, o governo desconsidera os vaticínios do orador e, em 1934, concede um Home Rule Bill à Índia.

Segundo erro, mais grave aos olhos dos ingleses: como liberal convicto, Churchill ousa defender o rei Eduardo VIII, que quer se casar com a americana Wallis Simpson, duas vezes divorciada. Mais tolerante que a opinião pública britânica, ele se pronuncia a favor desse casamento com uma não nobre, enquanto Baldwin exige e obtém a abdicação. É o início de uma longa travessia do deserto para Churchill.

Dessa vez, o cão preto lhe morde a alma. O deputado mostra-se distraído, quando não ausente (no sentido próprio e no figurado) na Câmara dos Comuns. Interrompe os colegas, às vezes perde a compostura, ora é insolente, ora rabugento, quando não está alcoolizado. Em casa, as coisas não vão muito melhor. Clementine tem dificuldade para aguentar a depressão do marido, tão exagerado na alegria quanto na angústia. Ela mesma não está longe de ceder ao desânimo: nervosa, tensa ao extremo, com frequência se afasta, se isola, sai de férias sem ele e, em 1935, tem um vago flerte com um intelectual mais jovem. O navio balança...

No entanto, Churchill é incapaz de se entregar: uma intuição lhe sopra que o melhor está por vir. De novo, a pintura e, sobretudo, a escrita ocupam seus dias: ele se lança na biografia de seu ilustre ancestral, o duque de Marlborough (1929-1938), redige suas memórias de juventude, o terceiro volume de *A crise mundial* e inicia cerca de trezentas páginas da imensa *História dos povos de língua inglesa*, que será publicada entre 1956 e 1958. Elabora na época o método de trabalho que o levará ao prêmio Nobel de literatura: levantamento de abundante documentação por uma equipe vasta e competente de pesquisadores (que ele homenageia no início da monumental *Segunda Guerra Mundial*), leitura e seleção, ditado do texto brilhantemente improvisado e releitura para formulação final.

Churchill também viaja muito; visita, mas, principalmente, conhece homens importantes, que desempenharão papel fundamental no conflito de 1939-1945. Primeiro encontra Mussolini – em quem admira "a cortesia e a simplicidade"! –, alegrando-se com o fato de os italianos terem escolhido um Duce que os tirará da crise moral e econômica em que se encontra o país. Aliás, será bastante tolerante em relação à invasão da Etiópia pelos fascistas. Em compensação, é mais lúcido com respeito ao cabo Hitler, o único homem por quem nutrirá ódio – profissional – e em que identificou o monstruoso ressentimento e a prodigiosa vontade de poder. Por pouco não o conhece pessoalmente durante uma viagem à Alemanha em 1932:

> Eu não tinha nenhum preconceito nacional contra Hitler na época. Conhecia pouco de sua doutrina e de sua carreira, e nada de seu caráter. Admiro os homens que assumem a defesa de seu país na derrota, mesmo que eu esteja do lado oposto. Ele tinha todo o direito de ser um alemão patriota, se essa fosse sua escolha. Sempre quis que a Inglaterra, a França e a Alemanha tivessem laços de amizade. No entanto, durante a conversa com Hanfstaengl,* ocorreu-me perguntar: "Por que seu chefe é tão violento em relação aos judeus? Posso entender perfeitamente a raiva contra os judeus que tenham agido mal ou prejudiquem o país, e entendo que se resista a eles, caso tentem monopolizar o poder em qualquer campo, mas qual é o sentido de ser contrário a uma pessoa simplesmente em razão de seu nascimento? Como alguém pode ser responsável por seu nascimento?". Ele deve ter contado isso

* Que serviu de intermediário entre Churchill e Hitler.

> a Hitler, pois no dia seguinte, por volta do meio-dia, apareceu muito sério e disse que o encontro que ele havia marcado entre mim e Hitler não poderia ocorrer porque o Führer não iria ao hotel naquela tarde. [...] Foi assim que Hitler perdeu sua única oportunidade de me conhecer. Mais tarde, quando ele se tornou todo-poderoso, eu recebi vários convites seus. Mas então muita coisa havia acontecido, e eu dei desculpas.[2]

Churchill conhece ou revê principalmente homens menos célebres que os dois ditadores, porém mais importantes para a vitória dos Aliados: aproxima-se em especial de Frederick Lindemann, professor de filosofia, apelidado de Prof, que será seu conselheiro científico em matéria de armamentos modernos, e estabelece laços duradouros com jornalistas, militares e altos funcionários do War Office e do Foreign Office, que, no entreguerras, lhe fornecerão informações capitais sobre o rearmamento alemão, sobre a política de Hitler, mas também sobre o estado do exército britânico. Churchill, às vezes com o acordo do governo, constitui-se assim em sólido banco de dados, constantemente atualizado, o que lhe possibilitará, ao assumir o posto de primeiro-ministro, agir de imediato por estar muito bem informado.

Quando não está no exterior (em Nova York quase morre esmagado por um carro e fica convalescendo durante mais de dois meses) ou na Câmara dos Comuns para interpelar o governo, ele banca o mestre de obras e o decorador em Chartwell. Lá também enxerga grande; não faz bricolagem, é construtor, não tem uma quinta, é castelão, sob o olhar perplexo e vagamente reprovador de Clemmie, que não se satisfaz muito com "a vida social no campo". É que seu marido pouco se importa com dispêndios, em todos os sentidos do termo: ele se faz de jardineiro, de paisagista (desenha as plantas do parque, dos tanques e a disposição das plantações diversas), de pecuarista e até de pedreiro... O pai de família, sempre afetuoso e amoroso, põe todos para trabalhar: mulher e filhos manejam trolha e pincéis. Levantam paredes de tijolos com maior ou menor entusiasmo. A mansão ganha jeito aristocrático, com criados, jardineiros, motorista, adega bem cheia de vinhos e cozinhas repletas de provisões para receber regiamente os visitantes, cada vez mais numerosos, do exilado político. A rabugice do ex-ministro transformado em mestre de obras vai sumindo aos poucos.

Mas como ficar inativo e à margem quando Hitler se torna chanceler do Reich? Quando Mussolini invade a Etiópia? Quando a Espanha se dilacera? Entre 1933 e 1936, Churchill escreve cartas sobre a situação internacional e as torna públicas; também retoma seu lugar na Câmara dos Comuns, onde já não fica de braços cruzados. Apesar de impotente, não é cego nem mudo. *Step by Step 1936-1939*, publicado em 1939, reproduz essas missivas, traça a escalada das ameaças e dá uma ideia tanto da posição às vezes ambígua de Churchill sobre a situação internacional quanto de sua lucidez profética. Ele observa, em primeiro lugar, o rearmamento da Alemanha e constata o fato de que ela logo ultrapassou a paridade com a França e a Inglaterra, e assusta-se com a cegueira desta última. "Só a Grã-Bretanha desarmada e irrefletida alimenta a ilusão de segurança."[3] Na Câmara dos Comuns, ele faz repetidas reivindicações em torno das carências do exército inglês:

> Tive o desgosto de ouvir o subsecretário de Estado dizer que somos apenas a quinta potência aérea, e que o plano decenal foi suspenso por mais um ano. Lamentei ouvi-lo alardear que o ministério da Aeronáutica não estabeleceu uma única nova unidade durante este ano. Todas essas ideias se mostram cada vez mais estúpidas diante da marcha dos acontecimentos, e faríamos bem em nos concentrar em nossas defesas aéreas com maior vigor.[4]

E, paralelamente, incentiva o rearmamento da França: "Os romanos tinham uma máxima: 'Encurtem suas armas e ampliem suas fronteiras'. Nossa máxima parece ser: 'Diminuam suas armas e aumentem suas obrigações'. Sim! 'E diminuam as armas de seus amigos'".[5] Além disso, Churchill tinha lido *Mein Kampf* já em 1925 e constatado que Hitler realiza com exatidão e método o que escreveu:

> A História [escreveu ele em *Mein Kampf*] nos ensina que as nações que uma vez cederam diante da ameaça das armas sem serem forçadas a tanto, aceitarão as piores humilhações e extorsões em vez de recorrerem outra vez à força. Aquele que obteve tal vantagem, se for esperto, formulará suas novas exigências em pequenas doses. Lidando com uma nação que tenha perdido toda a força de caráter por ter cedido espontaneamente, ele terá motivo para esperar que suas novas exigências feitas em pequenos pedaços não sejam consideradas dignas de resistência pela nação à qual são feitas.[6]

Ele também é extremamente sensível ao antissemitismo dos nazistas, como já mostravam suas dúvidas na época do encontro malogrado com o Führer. Seja na Alemanha, na Áustria ou mesmo na União Soviética, ele fica horrorizado com a exclusão e a perseguição dos judeus apenas por motivo de religião e pressente o genocídio:

> É fácil arruinar e perseguir os judeus, roubar seus bens, expulsá-los de todas as profissões e de todos os empregos, atirar um Rothschild na prisão ou detê-lo por dívidas, obrigar senhoras judias a esfregar o chão ou abandonar grupos de refugiados indefesos nas ilhas do Danúbio: esses esportes continuam dando satisfação. Mas 300 mil judeus em Viena representam um problema de grandes dimensões e de cunho insolúvel para uma política de extirpação.[7]

Para Churchill, a guerra é inevitável. Ele observa a covardia de Chamberlain e de Daladier: o mutismo diante da "violação da Áustria", a desonra de Munique e a inevitável invasão da Polônia. Apesar disso, *Step by Step* é uma obra otimista, às vezes até demais. O deputado acha que, se a Inglaterra reagir, se armar e resistir, tudo será possível. No prefácio de seu texto sobre a Segunda Guerra Mundial, ele denomina assim o conflito: "A Guerra-não-obrigatória". Churchill também conta muito (demais) com a França: "Graças a Deus há o exército francês!", exclama diante dos atônitos deputados da Câmara dos Comuns.

Em compensação, o fino observador do mundo que vacila é mais cínico e pragmático quando se trata da Itália e da Espanha. Enquanto é intransigente com Hitler, defende uma estranha neutralidade em relação a Mussolini e Franco. A guerra que sacode a Península Ibérica, que, segundo Camus, marca o verdadeiro início da Segunda Guerra Mundial, não o comove. Preocupado em respeitar o equilíbrio na Europa, opõe-se a qualquer intervenção a favor de um lado ou de outro e incita Léon Blum a fazer o mesmo. Na realidade, Churchill já não é de todo neutro em suas missivas: de tanto homenagear a coragem dos combatentes nacionalistas (durante o cerco de Toledo em especial), ele acaba por apoiar a sublevação deles, admirando suas vitórias. A reconciliação nacional que ele deseja tem cara de reconhecimento do franquismo: "Acaso a Espanha não precisa de todos os seus filhos? Acaso sua antiga grandeza não clama, do passado, pelo socorro de todos os homens e mulheres leais do país?".[8] Perdão na Espanha e resistência diante da Alemanha. Churchill já é um mestre da *realpolitik*.

Aos poucos, o povo britânico percebe que o homem do charuto havia previsto a catástrofe que todos tentarão evitar enquanto a provocam. A pacificação já não é possível e não se pode discutir com um ogro sem ser devorado. Março de 1938, é a *Anschluss*: Chamberlain cala-se e recua. Churchill apela para uma união com a França e a URSS. Setembro de 1938: em Munique, as democracias entregam a Tchecoslováquia. "Foi-lhe dada a escolha entre a guerra e a desonra. O senhor escolheu a desonra e terá a guerra",[9] lança Churchill, na Câmara dos Comuns, a Neville Chamberlain, primeiro-ministro em exercício, que acaba de assinar os acordos de Munique. Em 1º de setembro de 1939, Hitler invade a Polônia. Em 3 de setembro, às onze horas da manhã, a Grã-Bretanha acaba por entrar em guerra contra a Alemanha. A França faz o mesmo às dezessete horas.

Chamberlain e Daladier se dobraram diante de Hitler, e Churchill se ergue na Câmara dos Comuns. Para falar, está de novo na primeira fileira, pois Chamberlain lhe ofereceu o posto de ministro do Almirantado. "*Winston is back!*", teria telegrafado o ministério a todos os navios da frota.

Começa a lenda: o leão retorna e se prepara para rugir.

Plenos poderes

Winston Churchill está de volta à frente do Almirantado no início do segundo conflito mundial, pronto para batalhar com a raiva e a combatividade que lhe são notórias, mas sempre com os mesmos entraves: ele não é o único a decidir e tem grande dificuldade para ser ouvido, apesar de seus inúmeros avisos e relatórios (perto de 1 milhão de palavras durante toda a guerra!). Está com 65 anos; Hitler tem 50; Mussolini, 56; Stalin, 60; Roosevelt, 57; De Gaulle, 49. Só Pétain, nascido em 1856, é mais velho que ele.

Tem início a *drôle de guerre*, como dizem os franceses (*The Phoney War*, dizem os ingleses), a guerra de mentira, e, pela primeira vez, Churchill não precisa procurar o conflito para mostrar a força de sua vontade. Ele já organizou a defesa das costas, mobilizou homens e navios e enviou quatro divisões de soldados à França. Para ele, a história parece se repetir com vinte anos de intervalo. Visita as bases e todos os portos para se informar sobre aprovisionamentos, condições de defesa, necessidades de cada um. Se é que tirou uma lição de todos os seus fracassos passados, é a de que uma única falha de informação e de desconhecimento do terreno, dos homens ou mesmo do clima pode ser catastrófica. Por isso, precisa saber de tudo, absolutamente tudo, dos dados mais cruciais aos mais insignificantes, para decidir com conhecimento de causa e ter a visão de conjunto necessária às escolhas estratégicas vitoriosas. Números, estatísticas, testemunhos, relatórios acumulam-se sobre sua mesa: tudo lhe interessa, tudo ele lê e, principalmente, guarda na memória. É nesse solo que crescem sua imaginação e seus planos incríveis.

Enquanto as operações terrestres se fazem esperar, o combate marítimo ocorre de imediato. E a primeira frota mundial, com um contingente de homens e navios ainda superior ao dos alemães, sofre sérios reveses. Perde um couraçado fundeado em Scapa Flow, no norte da Escócia. Mas compensa afundando um navio alemão, o *Admiral Graf Spee*, no Río de la Plata, ao largo de Montevidéu, entre a Argentina e o Uruguai. Apesar da ampla exploração do acontecimento pela imprensa britânica, bem depressa se tem a sensação, na Grã-Bretanha, de que não será fácil sair vencedor de um combate contra nazistas tremendamente armados e organizados. Mesmo Churchill parece ser de outra guerra e de outra época. Embora se adapte com muita rapidez e tenha intuições fulgurantes, ele está entrando no novo conflito com estratégias, temores e conhecimentos teóricos da guerra anterior. Não toma consciência com suficiente presteza dos monumentais estragos que os submarinos e os aviões alemães estão infligindo à força naval inglesa e perde um tempo considerável a raciocinar com métodos ultrapassados.

O episódio da batalha da Noruega, portanto, constituirá um penoso e caro aprendizado para o ministro e a marinha britânica.

Não podendo se preocupar legitimamente com operações terrestres, que de qualquer modo ainda não tiveram início, Churchill volta a atenção para o mar, o que, para um ministro do Almirantado, apresenta vastas perspectivas. O primeiro lorde não pode se limitar à posição defensiva: logo, ele busca onde atacar. O Báltico e os países do Norte da Europa, ainda neutros no conflito, ganham valor para o estrategista, uma vez que é por essa região que a Alemanha se abastece de minério de ferro (as minas estão na Lapônia). O gelo invernal do mar Báltico obriga os alemães a passar pelo porto de Narvik, na Noruega, para transportar o ferro por trem e depois por mar. A ideia germina imediatamente na mente inventiva do ministro: bloquear a via de transporte, tomando posição nos portos dos países nórdicos, sufocaria econômica e militarmente o Reich e talvez pudesse até pôr fim à guerra!

Três estratégias, entre tantas outras, são expostas por Churchill, que bombardeia os colegas do gabinete ministerial com abundantes discursos, às vezes sem relação com o assunto. Elas são elaboradas para bloquear o aprovisionamento alemão, mas vão ser tão discutidas, selecionadas e rejeitadas que a ação será um desastre. Primeira hipótese: subir para o Báltico e interromper o transporte do ferro por meio de combate. Mas é inverno, e o gelo impede essa prática. Segunda hipótese: instalar minas nas águas da Noruega, ao largo de Narvik, para impedir o transporte marítimo. Terceira hipótese: enviar minas derivantes aos rios alemães (em especial o Reno) para desorganizar o frete. Mas, para isso, seria preciso usar a França como base de lançamento, e esta recusaria por medo de represálias diretas em seu território. Mas, quando a URSS – que já havia assinado em agosto um pacto de não agressão com a Alemanha – ataca a Finlândia em 30 de novembro de 1939, a operação nos países escandinavos parece a todos indispensável e urgente. Trata-se, ao mesmo tempo, de defender o pequeno exército finlandês, que resiste corajosamente ao gigante soviético, de garantir o domínio do ferro sueco e de lavar a honra dos governos inglês e francês, acusados por suas respectivas opiniões públicas de total inércia e covardia.

Mas surgem obstáculos, e seria um grande erro negligenciá-los. Alguns são reais e dizem respeito à soberania dos Estados, à qual as democracias, adeptas dos catorze pontos de Wilson, dão mais valor do que as ditaduras: pode-se defender um país sem seu acordo e assumir posições em seu território? Para defendê-lo da Alemanha, pode-se passar pela Suécia e pela Noruega, que são neutras? Além disso, poderia ser perigosíssimo atacar a URSS. Portanto, há muita tergiversação, sobretudo no governo Chamberlain, que, vale lembrar, entrou com relutância na guerra e ainda é em grande parte composto por ministros envelhecidos e pacifistas. Outros obstáculos decorrem menos de grandes princípios e mais de deficiências estruturais e humanas. É assim que ressurge a síndrome de Dardanelos: para que seja eficaz, uma operação combinada (ação terrestre e ataque naval aos portos), com efetivos franceses e ingleses, precisaria de um comando único. Dois já são demais. E, visto que, entre os ingleses, é necessário recorrer o tempo todo ao gabinete de guerra, que não sabe que direção tomar – é melhor desembarcar em Narvik ou operar no centro do país, em Trondheim? –, o resultado é uma confusão. Passam-se dois meses… as tropas não estão suficientemente preparadas para as ações combinadas, enquanto a aviação alemã, por sua vez, não tem problemas de treinamento. Crônica de um fracasso anunciado.

Lentidão, confusão, improvisação, é tudo o que os alemães evitam. Assim como os turcos em Galípoli, eles entenderam que os Aliados estavam de olho no Báltico e tentavam privá-los do ferro sueco. Hitler decide então pegá-los de surpresa e desencadeia, com uma organização notavelmente minuciosa, a operação *Weserübung*. Os nazistas ocupam os portos da Dinamarca e da Noruega em 9 de abril, aproveitando que a Finlândia, sentindo-se abandonada, acabou assinando em 13 de março um armistício com a URSS. É nesse momento que os franceses e os ingleses lançam, enfim, a campanha da Noruega. Após alguns primeiros sucessos (a rota do ferro foi momentaneamente interrompida), a marinha inglesa é desbaratada, bombardeada pela aviação alemã, que já não ignora nenhuma de suas intenções, pois seus códigos foram decifrados! E – importante – os combates terrestres patinam, e as tropas anglo-francesas padecem com a incoerência das ordens que lhes são transmitidas. Narvik? Trondheim? Perdidos e mal armados, os soldados são afinal evacuados em 28 de abril. O fracasso lembra a Churchill as piores horas de Dardanelos. No entanto, já não é ele que está na berlinda.

Agora a Câmara dos Comuns pede contas a Chamberlain. A opinião pública francesa foi mais expeditiva, pois Daladier se afastou já em 21 de março, sendo substituído por Paul Reynaud. Em Londres, o primeiro-ministro recebe todas as críticas, pagando *a posteriori* a concessão de Munique e servindo de bode expiatório da covardia coletiva. O tom sobe na Câmara dos Comuns, dramático como pode ser numa sessão crucial em que está em jogo o destino de um país e de um homem. O deputado trabalhista Leopold Amery cita

Cromwell diante do Rump Parliament: "Os senhores tiveram assento por tempo demais neste local pelo pouco de bem que fizeram. Vão embora, estou dizendo, e que nunca mais sejam vistos. Em nome do Senhor, vão embora".

Churchill defende seu primeiro-ministro e propõe-se assumir toda a responsabilidade pelo fracasso. Já se acostumou e aprendeu a perder tudo nos lances do acaso. Naquele dia, vai ganhar tudo. É a vez de Lloyd George anunciar seu fim. "[O primeiro-ministro] nos convidou a fazer sacrifícios. [...] Eu declaro solenemente que cabe ao primeiro-ministro dar exemplo de sacrifício, porque nada poderá contribuir mais para a vitória do que a sua renúncia."[1]

O voto de desconfiança não obtém a cabeça do primeiro-ministro, mas a pequena maioria resultante é a pior das rejeições. Mesmo assim, Chamberlain ainda hesita, agarra-se ao poder, mas é abandonado por todas as partes. Quem vai substituí-lo no momento em que tudo está a perigo? A alternativa é simples: Halifax, atual ministro das Relações Exteriores, ou o primeiro lorde do Almirantado? Aquele renuncia por razões pessoais e políticas. Este se cala. Dois longos minutos. O caminho está livre, e ele desejou percorrê-lo acima de tudo. O desafio é grande, imenso, quase impossível de encarar. A vitória é mais que indispensável: é vital. Ele concorda. Estamos em 9 de maio, e Churchill é *quase* primeiro-ministro.

Em 10 de maio de 1940 pela manhã, Hitler invade a Bélgica e a Holanda. A França está na sua linha de mira. Há urgência, e Chamberlain ainda tergiversa! Por fim, renuncia. Dezoito horas e trinta minutos: o rei Jorge VI nomeia Churchill primeiro-ministro com poderes excepcionais, pois ele é ministro da Defesa, líder da Câmara dos Comuns (em outubro de 1940, sucedendo a Chamberlain demissionário, ele será líder do Partido Conservador) e membro do gabinete de guerra reduzido a cinco nomes oriundos de lados diferentes (Chamberlain, Halifax, Attlee e Greenwood). O momento é grave e solene: em 11 de maio, Churchill forma um governo de união nacional e conserva uma parte da equipe de Chamberlain, colocando seus homens de confiança em postos estratégicos. Muitos torcem o nariz e, mesmo na Câmara dos Comuns, não reina a unanimidade. Há quem desconfie daquele homem de 65 anos capaz de tudo: "Winston, quando tem razão, é único; quando não tem, *Oh my God*!",[2] lança sir Samuel Hoare. Mas já não se trata de uma frase de efeito. O homem em questão tem quase todos os poderes e vai usá-los:

> Finalmente eu tinha o poder de baixar diretrizes em todos os campos. Eu tinha a impressão de unidade com o destino, e parecia que toda a minha vida passada havia sido apenas uma preparação para aquela hora e aquela prova.[3]

O discurso de 13 de maio, portanto, é crucial por ser proferido diante de uma assembleia e de um povo que não estão ganhos. Churchill precisa inspirar confiança e mostrar a todos, inclusive aos inimigos, que tem capacidade de vencê-los e que Hitler pode de fato ver nele seu pior adversário. Ele anuncia aos ingleses que deles serão exigidos sacrifícios terríveis, mas que a vitória está no fim do caminho. O povo britânico entende seu dirigente e não lhe faltará:

> Eu gostaria de dizer a esta casa, como disse aos que se uniram a este governo: "Não tenho nada a oferecer senão sangue, labuta, lágrimas e suor". Temos diante de nós um ordálio do tipo mais doloroso. Temos diante de nós muitos, muitos meses de luta e sofrimento. Os senhores perguntam: "Qual é nossa política?". Eu direi: "É travar a guerra por mar, terra e ar, com todo o nosso poder, com toda a força que Deus pode nos dar; travar a guerra contra uma tirania monstruosa, nunca superada na lista de crimes humanos sombrios e lamentáveis".[4]

Virão outros discursos ("Sua hora mais bonita", "Uma guerra longa e difícil", "Sejam homens de valor"...) que são o brado esperado pela História. Preparados com minúcia por um homem que sempre lamentou não ser um verdadeiro orador, porque incapaz, a seu ver, de improvisar (suas célebres réplicas, porém, sugerem o contrário), esses discursos produzem tanto efeito quanto a formidável ação do ministro que muda o curso da guerra e comove (no sentido etimológico) o mundo. "Ele disse, e o mundo foi", escrevia Michelet a respeito de Danton. Churchill também acredita na força do verbo e da palavra bradada na tribuna ou pelas ondas do rádio. "As palavras são as únicas coisas que duram."[5] Mais que talento, a eloquência é um poder que consegue fazer tudo e derrubar tudo. Pode-se mudar e desviar tudo com palavras, pilhérias ou ditos espirituosos. Os homens são como os fatos, às vezes se inclinam diante de belas frases e de paixões que os fazem vibrar. O risco, evidentemente, é acreditar que a realidade é tal qual descrita em seus discursos: acontece que ela às vezes resiste, e então os homens são mentirosos. "Forçando um pouco a mão, eu diria que com muita frequência eu cedo à tentação de adaptar meus fatos às minhas frases",[6] já escrevia Churchill em 1898 à mãe. Com dois dedos formando a letra V da vitória, que o rufo do tambor da BBC reproduz em código Morse, os discursos de Churchill são os símbolos da resistência do mundo livre diante da barbárie.

Ele diz, e a vitória será.

A batalha da França

No mês de maio, a Alemanha lança uma ofensiva no norte da França e fura as suas defesas. Churchill, que acreditou por muito tempo na força do exército francês, não para de perguntar a quem queira ouvir, em Londres e em Paris: "Mas o que é que os franceses estão fazendo na linha Maginot? Para que ela serve?". Apesar de sua francofilia e das obrigações morais e diplomáticas que o ligam ao país da Revolução e do bom vinho, o primeiro-ministro pressente que, muito em breve, vai precisar aprender a ficar sozinho na guerra.

No entanto, o que domina é o espanto no dia 15 de maio pela manhã, quando o presidente Paul Reynaud lhe anuncia em inglês, por telefone, o brutal desbaratamento do exército francês:

> "Fomos derrotados", disse-me ele. Como não respondi imediatamente, ele disse de novo: "Estamos vencidos, perdemos a batalha". Eu disse: "Isso não pode ter acontecido tão depressa". Mas ele continuou: "O front foi invadido perto de Sedan, eles estão atravessando em massa com tanques e viaturas blindadas".[1]

A primeira reação de Churchill é, naturalmente, de incredulidade. Como assim? O poderoso e corajoso exército francês, que resistiu quatro anos em Verdun, não pode ter sido desbaratado em um dia! Não pode e não deve ser de jeito nenhum, pois a Inglaterra ficaria sem apoio, sozinha contra todos. Winston resiste e não quer ouvir nada antes de atravessar a Mancha para ir "conversar" com Reynaud, compreender e, sobretudo, organizar o que ainda acredita ser a contraofensiva. Em 16 de maio, quando chega ao Quai d'Orsay, onde está prevista a reunião com os dirigentes políticos e militares, ele se detém, estupefato, diante de uma fogueira improvisada no meio do pátio. Os funcionários estão queimando os arquivos diplomáticos que trazem em carrinhos de mão. Aquilo está cheirando mal, em todos os sentidos da expressão. Várias vezes, no mês que seguirá, Churchill interroga: "Onde estão os reforços? Onde estão as reservas estratégicas? Onde estão as divisões de contra-ataque?". E as respostas o deixam pasmo: não há mais nada em lugar nenhum. O exército parece de papelão, uma ilusão que deixa cair a máscara de repente num cenário trágico. Nada foi preparado, nada mais parece possível. Para o ministro, é completamente inimaginável!

> NENHUMA RESERVA ESTRATÉGICA. Nenhuma!... Eu estava embasbacado. O que pensar do grande exército francês e de seus maiores comandantes? Nunca tinha me ocorrido que quaisquer comandantes, encarregados de defender 500 milhas de um front engajado, pudessem deixá-lo sem apoio ao combate. Ninguém pode defender com segurança um front tão extenso, mas, quando o inimigo se lança numa grande ofensiva que rompe a linha de combate, sempre se pode ter, sempre se *deve* ter uma massa de divisões que avance em

vigoroso contra-ataque no momento em que o primeiro ímpeto da ofensiva tiver perdido força.[2]

Churchill não é dos que entregam facilmente os pontos. Nunca entrega. Passado o espanto, ele reage com vivacidade, raiva e mesmo fúria. Passa um sermão nos franceses e os encoraja a pôr tudo em ação para resistir à onda alemã que, obrigatoriamente, perderá ímpeto e dará margem à reação. A vitória ainda é possível, e ele lhes pede imperativamente que lutem. Encontra as palavras que tocam seus ouvintes, impressionados com seus voos oratórios. E clama que, mesmo esmagada, a Inglaterra continuará o combate pela liberdade, seja do Canadá ou da distante América. Nunca cederá, e sua vingança será implacável. E, embalado, Churchill profetiza:

> Nesse dia, destruiremos suas cidades, minaremos seus rios, incendiaremos suas colheitas, queimaremos suas florestas, até o momento em que o regime hitlerista desabe e tenhamos libertado o mundo dessa peste.[3]

Daqui até lá, nem pensar em baixar a guarda. Sufocados sob imagens heroicas de fim de mundo e ressurreição, Paul Reynaud e colegas terão sido realmente convencidos ou vencidos pela avalanche verbal do ministro? O fato é que eles recobram a coragem e mergulham de cabeça na batalha da França.

Ao retornar, Churchill desconfia. Talvez não seja de todo levado por suas próprias e formidáveis palavras. Ele viu, ouviu, entendeu. É provável que a França não aguente. Por isso, ele constitui uma comissão encarregada de estudar as consequências da "queda da França". "Quais são as perspectivas para o prosseguimento da guerra por nós, apenas, contra a Alemanha e, provavelmente, a Itália?", interroga o relatório entregue pela comissão. E vem a conclusão redigida pelo próprio Churchill:

> Para resumir, à primeira vista a Alemanha tem quase todas as cartas na mão; mas o verdadeiro teste é se o moral de nossos combatentes e da população civil contrabalançará as vantagens numéricas e materiais de que a Alemanha dispõe. Acreditamos que sim.[4]

Para tanto, o primeiro-ministro tem o cuidado de preparar a opinião pública inglesa para a futura defecção francesa, proferindo na rádio um discurso no qual emergem juntos seus temores e sua vontade indefectível de ir até o fim, inclusive tomando medidas arbitrárias e impopulares.

Em campo, os combates se concentram no norte da França. O exército alemão, em vez de se dirigir para Paris, bifurca-se, formando um arco na direção do mar, para cercar as tropas inglesas e francesas estacionadas em torno de Lille e na Bélgica. A Alemanha acredita, assim, cercar os inimigos em um movimento de pinça e empurrá-los para o mar, onde serão aprisionados. Acontece que os soldados aliados são numerosos e, bem depressa, já não se cogita lutar, mas sim bater em retirada com dignidade, evacuando da melhor forma possível os que escaparam da morte em combate. Em 27 de maio, Churchill supervisiona com eficiência a operação Dínamo, exigindo, ao contrário do que era proposto pelos franceses prontos a se sacrificar, que a evacuação das tropas fosse feita em pé de igualdade, "*bras dessus, bras dessous*",*

---

* Literalmente, *de braços dados*. (N.T.)

explica em francês o ministro. Em 4 de junho, a operação termina e é um "sucesso". Duzentos mil ingleses e 130 mil franceses conseguiram abandonar a ratoeira pelos meios mais diversos e rocambolescos (mobilização de setecentas embarcações civis e militares, bombardeios heroicos realizados pela aviação britânica) e em condições duríssimas. Contudo, é difícil o primeiro-ministro felicitar-se por essa operação, tanto porque ela causou inúmeras vítimas, quanto porque todo o material bélico teve de ser deixado em poder do inimigo. Apesar disso, no mesmo dia, Churchill tenta fazer a situação virar a seu favor na Câmara dos Comuns; e consegue, com bastante brilhantismo. Embora até o momento administre mais derrotas do que vitórias, ele apoia sua posição e sua legitimidade política no estado de espírito da opinião pública, inicialmente reticente e agora entusiasmada e pronta a segui-lo no caminho do sacrifício *e* da vitória. Ele brada:

> Mesmo que sejam necessários anos, mesmo que estejamos sozinhos [...], não nos dobraremos, não cederemos. Marcharemos até o fim, lutaremos na França, lutaremos nos mares e nos oceanos, lutaremos nos ares com força e confiança crescentes, defenderemos nossa ilha a qualquer custo, lutaremos nas praias, lutaremos em nossos aeródromos, lutaremos nos campos e nas ruas, lutaremos nas colinas; não nos renderemos jamais.[5]

A França, porém, ainda não encontrou seu grande homem. A batalha de Somme, iniciada em 5 de junho, termina em derrota no dia 10, enquanto a Itália aproveita para declarar guerra à França e à Inglaterra. Cercado, o governo de Paul Reynaud abandona Paris em 12 de junho e deixa o exército alemão entrar na capital no dia 14. O êxodo é terrível, os soldados estão perdidos e exaustos, a França está exangue, sem ter conseguido lutar de fato. Antoine de Saint-Exupéry, enviado numa missão sobre Arras, fará uma narrativa pungente dessa tragédia em seu romance *Piloto de guerra*. Churchill, por sua vez, recusa-se a abandonar a França, temendo que ela mesma se abandone. Seu receio é que Paul Reynaud assine a paz em separado com o inimigo, rompendo assim o compromisso recíproco que os dois países tinham assumido em 28 de março. De fato, Reynaud toma iniciativas diplomáticas para que a Inglaterra concorde em liberar a França de sua obrigação de não dar início a negociações de armistício. As hipóteses de retirada para regiões mais difíceis de ocupar – Maciço Central, "reduto bretão" – são ilusórias e, com exceção de raros voluntários – Mandel, De Gaulle, evidentemente –, os oficiais franceses, Pétain e Weygand à frente, consideram que a derrota é inelutável e que já não é viável combater em território francês nem nas colônias africanas.

Entre 10 e 22 de junho, o calvário da França se prolonga, enquanto o destino da Inglaterra é selado. O governo britânico, que em certo momento considerou a hipótese de negociar com a Itália de Mussolini para incentivá-la a ser neutra nos futuros combates contra a Alemanha, radicaliza sua posição por intermédio de Churchill. Se a Inglaterra tiver de ficar sozinha contra todos, ficará. Em 11 de junho, voltando à França, o primeiro-ministro expõe seus últimos argumentos junto a Reynaud, Pétain e Weygand, que permanecem surdos a seus apelos quando ele cita, não sem reprovação, as palavras de

Clemenceau: "Lutarei diante de Paris, dentro de Paris e atrás de Paris". Entre os oficiais presentes a esse encontro está um homem alto e magro que Churchill já encontrou dois dias antes em Londres, onde ele estava em missão para o governo francês. O general De Gaulle só se manifesta nesse dia a propósito de uma questão de menor importância, mas causou boa impressão no primeiro-ministro britânico, que o reconhece.

O general francês também está presente no dia 13 de junho, quando Churchill se encontra pela última vez com os membros do governo, em Tours. A demanda francesa de poder negociar um armistício é o único assunto de discussão: os debates são acirrados e o tom sobe. Churchill tenta, de início, evitar responder com precisão à pergunta que lhe é feita. Ele compreende os sacrifícios dos franceses, mas opõe a Reynaud a vontade irredutível da Inglaterra, que está pronta a lutar até a morte. "Não! A guerra continuará, só pode acabar com a nossa extinção ou nossa vitória." Mas esse não é o objeto da reunião, lembram os franceses. Posto contra a parede, Churchill admite que não censurará nada à França, mas que não se pode exigir mais. Pede que o governo espere a reação de Roosevelt, a quem foi solicitado o engajamento na guerra. Como se sabe, na época o presidente americano só oferecerá apoio logístico, o que será considerado insuficiente pela França. As cartas estão na mesa. Churchill sai do local furioso e infeliz. Segundo a lenda que ele mesmo escreverá, ao sair, passou pelo general De Gaulle, que tinha ficado mudo durante os debates, e murmurou ao cumprimentá-lo, sem ser ouvido pelo principal interessado: "*L'homme du destin*".[6*] 16

* Literalmente, *o homem do destino*. (N.T.)

de junho de 1940: morre a última esperança de união franco-britânica que, arrancada sem ilusões a Churchill, não será nem mesmo posta em votação por Reynaud. Os ingleses aceitam, por fim, que os franceses negociem o armistício, mas pedem que a frota francesa atraque nos portos britânicos, para evitar que caia nas mãos inimigas. Reynaud se ofende e promete que a esquadra não será entregue. As condições do armistício são mais confusas nesse ponto: a frota deverá ser reunida em portos, desmobilizada e desarmada. A Alemanha se compromete a não a utilizar. Mas Churchill sabe o que valem as promessas de Hitler. Se a frota não se afundar, será preciso bombardeá-la... No mesmo dia, De Gaulle está em Londres e se encontra com Jean Monnet e Churchill pela quinta vez. O primeiro-ministro lhe oferece ajuda e disponibiliza as ondas da BBC para lançar o apelo que vai fundar "a França livre". A emoção é grande, e Churchill guarda nítida lembrança desse encontro, apesar das divergências que surgiram depois:

> Meus dois visitantes então se levantaram e se dirigiram para a porta, Monnet na frente. Quando chegaram lá, De Gaulle, que até então mal pronunciara uma palavra, voltou e, dando dois ou três passos em minha direção, disse em inglês: "Acho que o senhor tem toda razão". Sob sua atitude impassível e imperturbável, pareceu-me que ele tinha grande capacidade de sentir a dor. Continuei com a mesma impressão, em contato com aquele homem muito alto e fleumático: "Aí está o Condestável de França".[7]

Quem sintonizou na BBC e quem estava na Câmara dos Comuns naquele 18 de junho de 1940, portanto, teve a oportunidade de ouvir dois discursos históricos: o do general De Gaulle, que conclamava para o prosseguimento dos combates, e o de Churchill, que anunciava a seu povo a grande provação que se preparava. Agora, eles estavam "sozinhos", e a batalha da Inglaterra ia começar. De seu resultado dependia o futuro da ilha, mas também o da Europa e do mundo livre:

> Portanto, preparemo-nos para nossos deveres e comportemo-nos de tal modo que, se o Império Britânico e sua Commonwealth durarem mil anos, as pessoas ainda digam: "Aquele foi seu melhor momento".[8]

A batalha da Inglaterra

Em seguida à batalha da França, dramaticamente perdida naquele início de verão de 1940, Churchill e seu povo se preparam, sozinhos, para a batalha da Inglaterra. A Grã-Bretanha, de fato, está bem isolada na Europa e no mundo. Mais do que isso, está cercada de inimigos ou de países neutros, quando não hostis, que não poderão lhe dar nenhuma ajuda e, ao contrário – agindo como abutres, a exemplo da Itália com a França –, podem se aproveitar de sua fraqueza militar.

Se, tal como Churchill deve ter feito muitas vezes na época, olhássemos um mapa-múndi, só descobriríamos fronts repletos de canhões e baterias: as costas espanholas, francesas, belgas, holandesas, alemãs, dos países escandinavos são controladas, direta ou indiretamente, pelos nazistas. A Itália de Mussolini e a França de Pétain colaboram com o Reich ou se preparam para fazê-lo. A URSS é "neutra", ainda que Churchill não acredite na perenidade do pacto Ribbentrop--Molotov. Mais longe, o Japão devora a China e está de olho na Malásia. Não há dúvida de que, dentro em pouco, fará parte das potências do Eixo. A Turquia é mais amistosa, mas está muito distante e, de qualquer modo, não poderia participar da defesa da ilha. Os apoios da Grã-Bretanha são muito frágeis. É verdade que ela ainda possui a maior frota marítima do mundo, mas sofreu forte sangria em Dunquerque, perdendo 50 mil soldados. Além disso, a Alemanha tem 2,2 mil aviões modernos, enquanto a Grã-Bretanha tem só 770. Prenuncia-se uma competição desigual. Os domínios da Grã-Bretanha continuam sendo um apoio importante, mas suas bases às vezes parecem precárias na região do Oriente Médio, e todos os seus recursos materiais e humanos estão tão distantes! Ocorre que está se tornando cada vez mais difícil transportá-los, tamanho o perigo das vias marítimas e terrestres. Restam os Estados Unidos, e Churchill sabe que a entrada deles na guerra mudaria definitivamente o curso da História. Mas a opinião pública americana não quer mais lutar pela Europa, e Roosevelt precisa levá-la em conta, pois o período das eleições se aproxima. Impõe-se uma moderação estratégica e perfeitamente convicta: ele deixará Churchill jogar sozinho sua cartada na Europa diante da hidra nazista. Para satisfazer seu insistente aliado, ele no máximo propõe fornecer material, de cujo transporte exige pagamento (*cash and carry*). Muitos inimigos, portanto, e poucos aliados de verdade: a Grã-Bretanha está cercada, enquanto Churchill é obrigado a tornar um pouco mais radical, no mês de julho, a sua perigosa posição.

Ele recebeu pedidos de negociação da parte de Hitler: se a Inglaterra concordasse em permanecer neutra, a Alemanha se comprometeria a não prejudicar seus interesses estratégicos e comerciais... Mas Churchill está exaltado, tenaz e, pela primeira vez, com ódio. Está, acima de tudo, sem ilusões e não acredita nem por um instante na palavra daquele homem que ele odeia e que sabe, de modo consciente ou não, ser o único inimigo à sua altura. Churchill nem se dá o trabalho de responder pessoalmente ao Führer; incumbe Attlee, o mais moderado do gabinete de guerra, de enviar uma negativa categórica. Será guerra, de uma vez por todas, e mortal. É óbvio que Churchill, nessa altura, está obrigado a tomar todas as decisões radicais que tal recusa implica. A França, em parte sob o domínio alemão, torna-se um inimigo potencial; sua frota, que ficou intacta, poderia causar grandes danos à Inglaterra. Portanto, é prioritário resolver essa questão espinhosa.

No início daquele mês de julho, alguns navios franceses se encontram em Toulon, zona livre, e não representam nenhum problema. Outros estão fundeados nos portos ingleses de Portsmouth e de Plymouth. Em 3 de julho, quando Churchill dá a ordem de ocupá-los, a operação (batizada de Catapult) é firme e, sem dúvida, surpreendente para as tripulações, mas é compreendida e transcorre com sucesso. As outras embarcações da frota francesa, em compensação, estão atracadas numa zona de situação política mais ambígua, pois se trata dos portos do Norte da África. O desarmamento e o acantonamento dos navios situados em Alexandria ocorrem sem prejuízos. Mas a questão se complica quando se trata dos quatro couraçados e dos seis contratorpedeiros baseados em Mers el-Kebir, a oeste de Orã, na Argélia. Subordinados ao almirante Gensoul, esses navios são de interesse capital, e Churchill não pode se dar ao luxo de deixá-los à potencial disposição da Alemanha. Por isso, ordena que seja enviado, por intermédio do almirante Somerville, um ultimato que oferece várias possibilidades aos franceses: ou a frota se afunda, ou vem combater ao lado dos ingleses, dirigindo-se a um porto britânico, ou é encaminhada sob vigilância inglesa para um porto das Antilhas ou um porto americano, ou será feito uso da força e os navios serão postos a pique. Seguem-se numerosas mensagens, muitas vezes confusas, até porque Gensoul não transmitiu ao governo de Vichy todas as condições propostas pelos ingleses. No final da tarde, Gensoul apresenta uma recusa total a Somerville, ao mesmo tempo que os ingleses ficam sabendo que Darlan* deu ordem de aparelhar navios de Toulon e de Argel para darem apoio à frota de Mers el-Kebir. O sangue de Churchill sobe à cabeça: ele não queria matar, só impressionar, mas agora se trata de uma questão vital para a Inglaterra. "Foi a pior decisão que tive de tomar", dirá ele um pouco depois. Dezessete horas e 50 minutos: a primeira salva atinge os navios franceses, que, encurralados no porto, não podem reagir. Um couraçado soçobra e outros dois são postos fora de combate. Os bombardeios prosseguem, enquanto um contratorpedeiro é afundado. Os outros navios conseguem fugir. Estarão perdidos para os ingleses. O saldo é pesado para o lado francês (1,3 mil homens mortos ou desaparecidos) e pesará muito tempo sobre as relações diplomáticas entre os dois países. Porém, mais que a reação de Vichy, importante para Churchill é a do general De Gaulle.

Desde o dia 18 de junho estabelecera-se entre os dois uma relação de amizade ou, pelo menos, de profundo respeito mútuo. Na época, Churchill acredita que seu amor pela França e por seu povo se funde com aquele homem

---

* Trata-se de François Darlan (1881-1942), comandante da Marinha Francesa no início da Segunda Guerra Mundial, ministro da Marinha do primeiro governo colaboracionista de Vichy. Pouco tempo depois desse episódio, foi assassinado em Argel. (N.T.)

suscetível e corajoso que ele acolheu. E no final de junho reconheceu, em particular e em público, a França livre e seu representante. "O senhor está só – pois bem, eu reconheço o senhor só!",[1] declarou. Ainda que esse ato seja simbólico e não tenha efeitos notáveis no momento, é possível imaginar a satisfação do general ao descobrir o primeiro texto oficial que lhe confere a legitimidade de que tanto precisa: "O governo de Sua Majestade reconhece o general De Gaulle como comandante de todos os franceses livres, onde quer que eles se encontrem, que se unam a ele na defesa da causa aliada".[2] Churchill, De Gaulle, dois homens sozinhos, cada um à sua maneira, sabem que, no momento, a união e a ajuda mútua são indispensáveis. O bombardeio de Mers el-Kebir, portanto, pode mudar tudo, tanto para um como para o outro.

De início, raiva... De Gaulle está furioso, dá voltas como um leão na jaula, pensa e depois se acalma. O que teria feito no lugar do primeiro-ministro? A mesma coisa, sem dúvida. Por isso, quando o general Spears vem lhe contar os fatos, ele afirma que compreende e que está de acordo com o ponto de vista de Churchill. Mais que isso, reitera seu apoio num discurso público, selando uma aliança que todos esperam ser duradoura:

> Começarei dizendo o seguinte: não há francês que não tenha recebido com desgosto e raiva a notícia de que navios da frota francesa foram postos a pique por nossos aliados. Esse desgosto, essa raiva vêm do mais profundo de nós mesmos. Não há razão nenhuma para sufocá-los e, quanto a mim, expresso-os abertamente.

E prossegue dizendo que, enquanto os ingleses não devem se prevalecer de uma vitória naval que, apesar de necessária, não é gloriosa, os franceses devem, por sua vez, compreender que o risco de traição era real e que o fim justifica os meios:

> Pois bem! Digo sem rodeios que foi melhor terem sido destruídos. Prefiro saber que mesmo o *Dunkerque*, nosso belo, nosso querido, nosso potente *Dunkerque*, naufragou diante de Mers el-Kebir a vê-lo um dia tripulado por alemães, bombardeando os portos ingleses ou então Argel, Casablanca ou Dakar.[3]

Em seguida, Churchill poderá se justificar serenamente na Câmara dos Comuns em 14 julho e reafirmar, na ocasião, sua amizade inabalável pelo povo francês, lembrando que uma causa nobre implica sacrifícios.

O bombardeio de Mers el-Kebir, mesmo devendo muito à impulsividade de Churchill, também se revela excelente cálculo. A Grã-Bretanha, no final do verão de 1940, está livre da preocupação de ver a frota francesa voltada contra si e goza do apoio das colônias africanas aliadas à França livre (Camarões, África Equatorial, Chade), embora tenha fracassado em sua tentativa de desembarque em Dakar no início de setembro. Em seu território, desde 16 de agosto abre as ondas da BBC ao general De Gaulle, que, com maior ou menor sucesso, tenta congregar os franceses que não queiram colaborar com os alemães (a entrevista de Montoire* ocorrerá em outubro

---

* "Entrevista de Montoire" é como se designa o encontro entre o presidente colaboracionista francês Philippe Pétain e Adolf Hitler na estação de Montoire-sur-le-Loire, em 24 de outubro de 1940. (N.T.)

de 1940), ao mesmo tempo que fornece o equipamento e o soldo dos voluntários que possam lhe ser úteis em caso de invasão. Mas, por enquanto, é imensa a responsabilidade que pesa sobre os ombros da Inglaterra, que suporta sozinha todas as esperanças do mundo livre, ao mesmo tempo que a falta de recursos é tremenda. Agora que os inimigos estão em toda parte e alguns amigos foram reunidos, é preciso se dedicar à defesa da ilha.

Churchill, que conhece História e sabe tirar lições preciosas desse conhecimento, compreende que a Alemanha só invadirá a Inglaterra depois de vencer a batalha aérea. Portanto, é por aí que cabe começar a agir. Onipresente, o primeiro-ministro pensa em tudo: mobiliza homens para compensar as perdas de Dunquerque e aumentar o pequeno contingente das forças terrestres. Aplica uma lei de 1939, que estendia a idade de mobilização de dezenove para 41 anos. Logo as mulheres solteiras de vinte a 31 anos poderão ser auxiliares no exército. Seu ministro da Guerra recém-nomeado, Anthony Eden, funda patrulhas de voluntários não mobilizados, armadas com os recursos disponíveis para vigiar as cidades, mas também descobrir espiões alemães infiltrados em território inglês. O medo da quinta-coluna é, assim, combatido habilmente, pois Churchill põe em prática uma boa operação de propaganda (diríamos hoje de comunicação) em torno desses 150 mil milicianos, rebatizados com orgulho de *Home Guards* e logo muito bem treinados e vestidos com uniformes novos, especialmente confeccionados para eles. A população, assim, fica tranquilizada e ocupada.

Enquanto são formados os 150 mil novos recrutas para irem ao front, Churchill também se preocupa em armá-los.

Guerra se ganha com fábricas, estaleiros e oficinas funcionando a todo vapor. Acabaram-se as férias e as jornadas de trabalho legais (Churchill, afinal, só dorme quatro horas por noite...), e o que há são homens e mulheres produzindo até a exaustão o material perdido em Dunquerque e, principalmente, os famosos Hurricane e Spitfire, que vão defender gloriosamente o país. O primeiro-ministro também se empenha naquilo que chama de "guerra dos feiticeiros", ou seja, a pesquisa científica. Cientistas, professores e técnicos fazem progressos fenomenais: uns descobrem a maneira de melhorar a quantidade e a qualidade da produção industrial; outros trabalham na construção de radares de baixa altitude que possibilitarão detectar a chegada de caças alemães. Os homens da Room 40, por fim, são veementemente incentivados a decifrar os códigos secretos da aviação inimiga, o que terá impacto limitado no momento, mas desempenhará papel importante mais tarde. No plano econômico, Churchill também prevê as necessidades futuras: cercado nos mares, ele teme um bloqueio que causaria fome na Inglaterra. Institui tíquetes de racionamento e cursos para que as donas de casa reduzam e melhorem o consumo de alimentos. Ordena a transformação de prados, parques e até jardins das propriedades privadas em campos agrícolas, para garantir a autonomia da Inglaterra em caso de bloqueio completo. Por fim, ainda que a invasão não possa nem deva ocorrer, prevê-se a defesa do território: os portos são lotados de canhões, e nos campos e nas estradas erigem-se obstáculos para retardar os tanques e retiram-se placas indicativas; além disso, cavam-se trincheiras. Tudo é feito para travar o avanço inimigo.

Tal mobilização não teria sido possível se dela não tivessem participado a população e toda a classe política. Em torno de Churchill, há uma união sagrada. Conservadores, liberais e membros do Partido Trabalhista formam um corpo só, ainda que a unanimidade não seja geral. Depois de reduzir sua equipe, pondo nos postos-chave homens de confiança, ele admite que não se está tão longe de uma forma de ditadura, tão ilimitados parecem seus poderes, enquanto o povo é obediente e disciplinado:

> Duvido que qualquer ditador tenha tido tanto poder efetivo em toda a sua nação quanto o gabinete de guerra britânico. Quando expressávamos nossos desejos, éramos apoiados pelos representantes do povo e tínhamos a alegre obediência de todos. No entanto, em momento algum o direito de crítica foi restringido. Quase sempre os críticos respeitaram o interesse nacional. Quando, eventualmente, eles nos desafiaram, as Câmaras recusaram-lhes votos por esmagadoras maiorias, e isso, contrariamente aos métodos totalitários, sem a menor coerção, intervenção ou uso da polícia ou do Serviços Secreto. Era motivo de orgulho pensar que a democracia parlamentar, ou seja qual for o nome que se dê a nosso sistema político britânico, pôde suportar, superar todas as provas e sobreviver a elas.[4]

Pois o povo segue, com vontade e decisão, mas sobretudo convencido por uma propaganda "democrática" conduzida com mão de mestre pelo orador magistral. A batalha da Inglaterra pode começar, a provação da *Blitzkrieg* (guerra-relâmpago, em alemão) pode vir: todos estão prontos e unidos.

Como Churchill previra, Hitler monta um plano (chamado *Seelöwe*, leão marinho), que deve se desenrolar em três fases: a primeira consiste em bombardear por avião os portos britânicos das costas sul e leste, para interromper os transportes e o suprimento na Mancha. A segunda diz respeito ao bombardeio das grandes cidades e dos centros industriais, enquanto a terceira prevê a invasão por mar com a ajuda de paraquedistas. Hitler nunca chegará tão longe.

Durante o mês de julho de 1940, Hitler lança a diretriz nº 16 e manda bombardear toda a costa que vai de Plymouth até o norte de Edimburgo. Contrariando o que estava previsto, a aviação inglesa (RAF) resiste firmemente e, embora sofra importantes perdas (148 aviões no início de agosto), inflige muitas à *Luftwaffe* (270 aviões destruídos). Não conseguindo interromper o acesso à Mancha, Hitler muda de tática e concentra os ataques nas estações de radar, nos campos de aviação e nas fábricas de aviões. O objetivo é asfixiar a RAF. Os combates são terríveis: no espaço de dez dias, 367 aviões alemães são derrubados, contra 183 do lado inglês. Os campos de aviação estão devastados, as fábricas, em ruínas. A cada dia, os pilotos da RAF travam uma batalha sem fim, fustigados pelo inimigo, realizando façanhas incríveis. Emocionado até as lágrimas, Churchill compreende que o destino da Inglaterra está nas mãos desses heróis. O célebre discurso de 20 de agosto presta-lhes a homenagem da nação:

> A gratidão de todos os lares de nossa ilha, de nosso império e mesmo do mundo inteiro, exceto de onde moram os culpados, vai para os aviadores britânicos que, não se atemorizando diante das probabilidades e

> infatigáveis no desafio constante e no perigo mortal, estão invertendo o curso da guerra mundial com sua destreza e seu devotamento. Nunca na história dos conflitos humanos tantos deveram tanto a tão poucos. Todos os corações se voltam para os pilotos de caça, cujas brilhantes ações vemos com nossos próprios olhos dia após dia; mas nunca devemos esquecer que o tempo todo, noite após noite, mês após mês, nossas esquadrilhas de bombardeiros voam até a Alemanha, encontram seus alvos na escuridão com superior habilidade de navegação, lançam seus ataques, muitas vezes sob pesadíssimo fogo, muitas vezes com sérias perdas, com cuidadoso e deliberado discernimento, e infligem golpes arrasadores a toda a infraestrutura técnica e bélica da potência nazista.[5]

O heroísmo dos pilotos de caça da RAF é maior do que se possa imaginar, mas naquele 20 de agosto Churchill sabe que eles não estão longe de se exaurir e que a derrota estará próxima se não acontecer alguma coisa. O acaso mais uma vez agirá a favor dele e, como de hábito, ele saberá tirar proveito.

Embora Hitler tivesse proibido formalmente o bombardeio de cidades (isso Churchill não sabe ou não quer saber), um de seus pilotos sobrevoa Londres e solta suas bombas. Os danos são monstruosos, pois as vítimas são civis e o choque é terrível. Churchill fica furioso e, fora de si, ordena um raide de represália sobre Berlim: "Talvez o maior mistério da vida esteja em saber o que nos faz agir".[6]

Para justificar essa operação que, tecnicamente, é quase irrealizável e, sobretudo, inútil (só 29 dos 81 aviões enviados atingirão o alvo, mas serão ineficazes), ele toma a palavra na Câmara. As palavras e as bombas fazem o resto: se a Inglaterra ainda hesitava em se unir àquele que será chamado de "o último leão", suas dúvidas se desvanecem na aurora da grande provação.

> Essas bombas lançadas cruelmente e ao acaso sobre Londres fazem parte do plano de invasão concebido por Hitler. Matando grande número de civis, mulheres e crianças inclusive, ele espera aterrorizar a população desta cidade poderosa e imperial, causar inquietação no governo e assim distrair nossa atenção da agressão feroz que está preparando. Ele não conhece o espírito do povo britânico... Ele acendeu uma fogueira que queimará com chama ardente até que o último vestígio da tirania nazista esteja consumido, até que o velho mundo e o novo tenham dado as mãos para reconstruir os templos da liberdade humana.[7]

Até 1º de setembro, Churchill continua ordenando raides da RAF sobre a Alemanha, sem outro objetivo senão o de satisfazer as disposições vingativas de sua população. Mas o que era uma reação impulsiva desencadeia outra: Hitler também perde a paciência e decide repentinamente desistir da estratégia de bombardeio dos alvos militares para se concentrar nas cidades. Em 7 de setembro de 1940 começa a *Blitzkrieg*, que vai durar todo o inverno e terminar na noite de 10 para 11 de maio de 1941. Hitler, apesar de infligir um sofrimento abominável aos ingleses, comete dois erros estratégicos. Em primeiro lugar, a RAF, cujos aeródromos e fábricas deixam de ser bombardeados, tem tempo de respirar. As vias de transporte e as pistas são consertadas, os suprimentos voltam a chegar, a produção de aviões entra de novo em seu ritmo alucinado. A aviação pode bater-se de novo com a *Luftwaffe* e ataca Oostende e Le Havre. Toda a Inglaterra recobra a esperança. Mas os bombardeios de Londres e de outras grandes cidades inglesas, em vez de aterrorizarem as populações, vão mobilizá-las ainda mais. Os ingleses se unem e se tornam tremendamente solidários. No entanto, a provação é digna do Apocalipse: de início realizados durante o dia, os raides passam a ocorrer apenas à noite e em grande altitude, para evitar a defesa antiaérea. O objetivo é tão só semear o pânico e incendiar as cidades, arrasando todas as construções. Em dois meses, são lançadas 1 milhão de bombas incendiárias e 10 mil bombas explosivas, às quais devem ser somadas as bombas de efeito retardado que, durante dia, é preciso extrair do solo e desarmar. Em Londres, as docas estão inteiramente destruídas, o palácio de Westminster está em parte incendiado, a Câmara dos Comuns está devastada, uma bomba cai nas cozinhas do número 10 da Downing Street. Churchill, desafiando todos os perigos, protege-se pouco e até sobe nos telhados para dimensionar a ameaça, a exemplo dos inúmeros vigias noturnos encarregados de acionar as sirenes de alerta. Numa noite, a cidade de Conventry é arrasada a tal ponto que os nazistas inventam o neologismo *conventryzar* para significar o bombardeio maciço de uma cidade. Na noite de 7 para 8 de novembro, duzentos bombardeiros atacam Londres. Churchill, visitando as ruínas, chora, consola as pessoas, tem uma palavra de compaixão para cada um e é fotografado. Em suas *Memórias*, descreve assim a capital inglesa:

> Londres parecia um gigantesco animal pré-histórico, capaz de receber golpes terríveis sem se encolher e, apesar de mutilado, sangrando por mil ferimentos, persiste em se movimentar e viver.[8]

No entanto, apesar das injunções, das restrições e das mortes (135 mil em Londres e 23 mil no restante do país entre setembro e dezembro de 1940), os ingleses, fleumáticos, sobrevivem. A defesa antiaérea os protege, porém o mais importante é que eles conseguiram se organizar, e Churchill, pensando nas grandes e nas pequenas coisas, ajudou-os muito. Reforçou o corpo de bombeiros, postos à prova todas as noites nas cidades em chamas. Os homens entre 41 e 65 anos integram um serviço de guarda que contará com 5 milhões de voluntários. Churchill cria centros de acomodação na área rural para os 2,5 milhões de refugiados e desabrigados. Manda afastar as crianças das cidades para protegê-las, ordena que as estações de metrô sejam abertas, organiza o pernoite, mas também se preocupa com as canalizações, com o fornecimento de água, com o risco de doenças infecciosas, com as perturbações causadas pelas sirenes ou com o suprimento de vidros para os milhares de vidraças quebradas a cada noite. Os ingleses seguem seus passos: continuam vivendo, trabalhando, indo a espetáculos, diante dos olhos maravilhados de seu primeiro-ministro.

> Foram tempos em que os ingleses, em especial os londrinos, que ocupavam o lugar de honra, deram o melhor de si: sérios e alegres, obstinados e solícitos, com a confiança de um povo indomável até a medula,

adaptaram-se àquela nova vida estranha, com todos os seus terrores, com todos os seus trancos e barrancos.[9]

"Londres segura essa", e Churchill a ampara: junto à cabeceira das vítimas, triste e pensativo, apoiado na bengala, nas ruínas da Câmara, de farda ou de cartola, o primeiro-ministro contempla os estragos com grande pesar. A paixão de seu povo é sua. É verdade que a propaganda desempenha seu papel (escondem-se as perdas decorrentes da *Blitzkrieg* e os filmes mostram os ingleses descendo alegres para os abrigos com os filhos felizes porque podem dormir mais tarde), a união afetiva entre o homem providencial e seu país é inigualável, e a vitória lhe deve muito. Ele sempre se lembrará com grande emoção dessa época ao mesmo tempo trágica e fraterna:

> A bomba tinha caído em Peckham. Muito grande, é provável que fosse uma mina terrestre. Tinha destruído completamente ou desventrado vinte ou trinta pequenos imóveis de três andares e aberto um espaço bastante amplo naquele bairro muito pobre. Entre as ruínas já haviam sido fincadas patéticas bandeirinhas inglesas. Quando meu carro foi reconhecido, chegou gente correndo de todos os quarteirões, e logo se juntou uma multidão de mais de mil pessoas. Toda aquela gente estava muito entusiasmada. Apinharam-se ao nosso redor, aclamando e dando todos os sinais de viva afeição, querendo tocar e apalpar minha roupa. Parecia até que eu lhes levava algum grande e substancial benefício que lhes melhoraria a vida. Aquilo me

abalou, e chorei. Ismay, que estava comigo, conta que ouviu uma velhinha exclamar: "Olha, ele se preocupa mesmo; está chorando". Não eram lágrimas de tristeza, mas de assombro e admiração.[10]

Em 11 de maio de 1941, após uma noite terrível de bombardeios sobre Londres, Hitler ordena a interrupção da *Blitzkrieg*. As cidades britânicas estão devastadas, mas a Inglaterra aguentou, fortalecida pela prova. Ganhou sua batalha. Churchill também.

Em todas as frentes

Se Hitler desiste de invadir a Inglaterra é porque tem outras cartas na manga, e Churchill quase não tem tempo de se regozijar com a vitoriosa resistência de seu país.

Outros fronts não param de ocupar a mente do primeiro-ministro britânico, que está cheio de ideias e projetos, mas também de apreensões diversas. Felizmente, a batalha da Inglaterra parece ter galvanizado esse homem de 66 anos, cuja energia não fica nada a dever à de um jovem de vinte. Seu dia de trabalho "habitual" dura em média dezessete horas, e seu cronograma dá vertigem a todos os colaboradores que já estão esgotados por seus horários estranhos e essencialmente noturnos! É que Churchill dorme pouco (de três a cinco horas por noite), mas em geral o suficiente para manter um ritmo alucinado. Com uma energia incrível, passa de uma atividade a outra: pela manhã, trabalha na cama de roupão; depois, dentro de uma banheira que ele leva a todos os lugares – a ponto de ter adaptado uma em seu trem pessoal –, dita seus numerosos discursos (pois precisa se justificar o tempo todo, como se verá em breve), que ele nem sempre consegue improvisar. Mas também redige inúmeras cartas, em especial, na época, ao presidente Roosevelt, que ele ainda não conheceu pessoalmente, pressionando-o com solicitações hábeis para engajá-lo mais no conflito. Conhece, minuto a minuto, os detalhes das façanhas ou dos malogros da RAF, acompanhando as operações numa sala de comando, onde os aviões são representados por pequenas lâmpadas elétricas vermelhas. Na Câmara, defende a política de seu governo, vai aos locais de combate, consola nos hospitais, inspeciona as praias da Mancha, passa as tropas em revista; resumindo, parece ter o poder da ubiquidade, pois está presente em todo lugar. Às 21h30, preside finalmente uma reunião do estado-maior, que com frequência se prolonga durante quatro horas em discussões incansáveis e às vezes totalmente irrealistas, outras vezes apaixonantes, ou então tediosas para seus ouvintes confusos e... cansados. Paralelamente, Churchill bombardeia seus ministros e generais com notas e memorandos que precisam ser levados em consideração com absoluta urgência, sob pena de impaciência incontrolada. É assim que, no dia 1º de setembro de 1940,[1] Churchill pergunta ao general Ismay por que ainda não há interesse em planadores, que dão melhores resultados que os paraquedas ("Mande-me um relatório completo sobre o que foi feito em relação aos planadores") e, ao primeiro lorde da Marinha, por que não se pode atacar as baterias alemãs antes do dia 16 ("Comunique-me, por favor, o que pretende fazer a respeito. [...] Peço propostas de ação para esta semana. Olhe as fotografias anexas."). Um pouco mais tarde, interroga o mesmo general Ismay sobre o que aconteceu depois do desembarque em Dakar (que fracassará) e faz considerações sobre as ações seguintes ("[...] e nossos navios e nossas tropas podem ser usadas para repetir o processo, caso se ache que funcionou, imediatamente e num teatro mais importante. Essa operação pode ser denominada Threat").* Pede ao secretário de Estado para a Guerra "um relatório completo sobre as disposições tomadas para proporcionar às tropas instalações educacionais e recreativas durante o próximo inverno". "Quem será responsável por esse importante serviço?" Por fim, incentiva o secretário de Estado para a Índia a fazer novos recrutamentos de indianos para as operações no Oriente Médio, previstas em 1941. E aqui nos detemos apenas nas notas que Churchill optou por colocar como anexo do volume 2 de *A Segunda Guerra Mundial* por serem passíveis de interessar o leitor.

Pode-se imaginar a irritação de alguns, que se sentiam pressionados. Churchill esgota os que o cercam: nada nem ninguém parece poder detê-lo, mesmo quando ele está claramente errado ou divagando. Na melhor das hipóteses se pode agir de tal modo que ele acabe compreendendo por si mesmo e desistindo por conta própria. Ter tantas responsabilidades não o esgota; ao contrário, motiva-o exageradamente. De Gaulle lembra-se, um pouco chocado, de tê-lo visto brandindo o punho para o céu, com raiva por não ver os aviões alemães chegarem mais depressa, esperando a peleja com impaciência, mas também terrivelmente calculista: "Se eles nos bombardeiam, os americanos vêm...". Às vezes preocupado e colérico no início da batalha da Inglaterra, agora está feliz na adversidade, como um peixe na água. Refeições alegres, bebidas, tiradas espirituosas e humor também fazem o seu cotidiano: ele não renuncia aos prazeres da vida, nem no meio da tragédia. "Eu não conseguiria viver sem champanhe. Na vitória, mereço. Na derrota, preciso."[2] No entanto, a situação

* Ameaça. (N.T.)

não se presta a sorrisos, e, embora seja um *bon vivant*, Churchill não está despreocupado nem indiferente às provações que seu povo suporta. Ele só não pode deixar de encarar com estoicismo ou mesmo bom humor os riscos vitais que está correndo, nem de sentir júbilo ante a ideia de combater. É, portanto, um homem feliz, porque tem o que fazer.

Reagindo ao fracasso, Hitler tenta asfixiar a Inglaterra organizando um bloqueio impiedoso. A Alemanha, aproveitando a vantagem de ocupar as costas que vão da França à Noruega, impede a chegada dos comboios de mercadorias pela Mancha e pelo Mar do Norte. Seus temíveis submarinos põem a pique grande número de embarcações da marinha britânica, inclusive no Oceano Atlântico, onde tomaram posição sem que os Estados Unidos, neutros, interviessem. Prenuncia-se grande dificuldade de obter vitória naquela que Churchill chama de "batalha do Atlântico" caso Roosevelt se obstine em continuar isento. Ocorre que o presidente acaba justamente de ganhar as eleições, e essa vitória poderia lhe dar mais margem de manobra diante da opinião pública hostil à guerra. Ele mesmo, porém, precisa ser convencido dos reais motivos de uma intervenção. Em 6 de janeiro de 1941, Roosevelt, talvez sensível aos argumentos de Churchill, que lhe lembra o tempo todo que os interesses britânicos e americanos convergem a tal ponto que a derrota daqueles não deixaria de ter consequências sobre a prosperidade e a tranquilidade destes, envia a Londres seu braço direito, Harry Hopkins. Este tem a missão de avaliar com precisão a ajuda material necessária à resistência inglesa. A coragem dos londrinos impressiona favoravelmente o emissário, que negocia intercâmbios científicos e técnicos, mas também a venda de armas, a possibilidade de reparação dos navios avariados e até do treinamento das tropas. A neutralidade americana já não passa de fachada e logo cairá com a lei de empréstimo-arrendamento, que consiste em vender, alugar, trocar todas as espécies de material, arma ou serviço com um país que atenda aos interesses dos Estados Unidos. Churchill vai poder aguentar mais um pouco.

Mas a guerra é mundial, e Churchill, como de costume, enxerga longe. A posição defensiva da Inglaterra não poderia satisfazê-lo. O que ele quer é vencer e, para isso, é necessário ser ofensivo. Portanto, procura utilizar os bastiões e as posições britânicas no seio do Império.

Primeira linha do front e, espera Churchill, posição de força: o Mediterrâneo. Ali, a Grã-Bretanha manteve sólida presença, graças à Royal Navy. No inverno de 1940-1941, Churchill conserva Gibraltar e Malta, além de ter bases no Egito. Em compensação, as costas francesas e espanholas são neutras, em princípio, mas não servem de bases e poderiam se tornar perigosas, enquanto as costas italianas são francamente hostis. Contrariando as expectativas e a prudência, Churchill quer tentar a sorte e decide fazer sua frota avançar até o coração do Mediterrâneo. Isso implica confrontar a Itália, que não tem o poder da Alemanha e oferece pouca resistência. Portanto, Churchill tem sucesso no ataque da base de Tarento e ao largo do cabo Tênaro. O general Wavell, comandando exércitos terrestres ingleses, fura as defesas italianas em dezembro de 1940 na Cirenaica (Líbia). Toma as cidades de Tobruk e Bengasi. O exército italiano é derrotado, e Mussolini pede ajuda a Hitler, que envia para apoio o *Afrikakorps* comandado pelo general Rommel, que, em virtude de sua eficiência e esperteza, logo será cognominado Raposa do Deserto. A situação se deteriora para os ingleses: a contraofensiva alemã, terrível, os faz recuar até o Egito. Churchill apostou e perdeu: está furioso com o rumo dos acontecimentos e multiplica as mensagens críticas aos comandantes em campo. Todas começam com "Não estou satisfeito", cada vez mais irritado. Rolam várias cabeças de oficiais, entre as quais a de Wavell.

No Oriente Médio, a situação também é instável para os britânicos: os alemães favoreceram uma insurreição no Iraque, e Churchill batalha a duras penas para restabelecer a influência inglesa em Bagdá. Acaba conseguindo, mas as bases não são sólidas. Na Síria, sua posição parece mais favorável, pois as tropas de Sua Majestade, secundadas pelas forças da França Livre, conseguiram neutralizar as bases militares francesas subordinadas ao governo de Vichy, que haviam deixado passar material destinado aos nazistas. Mas, nessa ocasião, Churchill se opõe pela primeira vez ao general De Gaulle: não lhe agrada muito ver suas tropas totalmente excluídas das negociações de armistício, enquanto se concede aos "valorosos" soldados de Vichy a honra de conservar suas armas pessoais e a possibilidade de optar por retornar à França, onde poderão voltar a servir sob os estandartes do Estado francês. De Gaulle, como é compreensível, fica fora de si e se exalta durante um tempo antes de baixar o tom. Embora ainda não haja franca desavença entre o velho leão e aquele que Churchill logo chamará de *lhama fêmea*, a amizade já não vigora de fato entre os dois homens. O comandante da França Livre irrita cada vez mais o primeiro-ministro com sua arrogância considerada fora de lugar. Mas Churchill incomoda e ofende De Gaulle ao continuar querendo negociar por baixo do pano com o governo de Vichy, argumentando que todos os franceses, que ele tanto ama e admira, não podem ficar submetidos à Alemanha. Pouco antes do encontro de Montoire, que selará o início da colaboração, Churchill tomara a iniciativa de falar em francês aos franceses na BBC, para incentivar o povo, herdeiro da Revolução, a resistir ativamente ao ocupante:

> Entre os franceses, aqueles que se encontram no império colonial e os que moram na autodenominada França não ocupada podem, sem dúvida, vez por outra, encontrar a oportunidade de agir utilmente. Não entro em detalhes. Os ouvidos inimigos nos escutam. Aos outros, alvo direto da afeição inglesa, porque vivem sob a disciplina estrita, a opressão e a espionagem dos boches, eu digo: quando pensarem no futuro, lembrem-se das palavras daquele grande francês que foi Thiers. Ele as proferiu depois de 1870, a respeito do porvir: "Sempre pensar nele; nunca falar dele". Em frente, boa noite, durmam bem, reúnam suas forças para a aurora – pois a aurora virá. Ela se erguerá brilhante para os bravos, amena para os fiéis que tiverem sofrido, gloriosa sobre os túmulos dos heróis. Viva a França! E viva também a marcha dos povos de todos os países que querem reconquistar o patrimônio que lhes pertence de pleno direito![3]

Pode-se imaginar a perplexidade do general De Gaulle, que não sabe se deve se alegrar ou ficar preocupado com tal discurso de resistência que não o menciona explicitamente, num momento em que ele se vê como único representante da França Livre. Esse vaivém de Churchill, perfeitamente voluntário, entre a França Livre e Vichy irrita De Gaulle e acabará por enfurecê-lo. O desembarque no Norte da África confirmará que Churchill, longe de se decidir a seu favor, está procurando se afastar dele.

O front da África oriental causa mais satisfações e menos atritos: é decididamente mais fácil vencer os italianos do que os alemães e, no início de 1941, os britânicos libertam a Etiópia ocupada por Mussolini. Reconduzem o negus, Hailé Sélassié, ao trono e ocupam a Somália e a Eritreia com a ajuda dos franceses livres. Mas essas posições estratégicas são frágeis e não têm utilidade imediata para enfraquecer de modo direto a Alemanha.

Relativamente garantida no Mediterrâneo e no Oriente Médio, a Grã-Bretanha, porém, sofre reveses militares na Europa. Nos Bálcãs, Hitler invadiu a Iugoslávia em março de 1941 (Belgrado é devastada em 13 de abril), depois a Grécia. Churchill apoia em vão as tropas gregas, mas a região nunca lhe deu sorte. Mal preparado e com pequeno contingente, o exército britânico, incapaz de resistir à pressão alemã, reembarca em abril e perde Creta. O recuo no Mediterrâneo prossegue com a evacuação de 45 mil soldados de Creta no mês de maio. É um fracasso brutal para o leão britânico, que deverá prestar contas à Câmara. Finalmente, Churchill compreende muito bem que é na frente diplomática que estará em jogo a virada da guerra. Sozinho, ele não pode se lançar em nenhum contra-ataque de envergadura: se quiser progredir ou mesmo apenas manter posições, precisará angariar novos aliados. Hitler e as potências do Eixo, sem querer, vão ajudá-lo a sair do isolamento que o condena.

Em 22 de junho de 1941, a Alemanha ataca a União Soviética, desencadeando a operação Barbarossa. Churchill, que dispunha dessa informação por via dos homens da Room 40 e tentara em vão prevenir Stalin da iminência do ataque, vê-se com um singular e feroz aliado. Mas não pode se dar ao luxo de ser exigente e se regozija abertamente com a situação, esquecendo seu anticomunismo passado. Na Câmara, apresenta aos deputados boquiabertos uma visão alucinada do exército russo, segredo que só ele tem:

> Ninguém foi adversário mais constante do comunismo do que eu, nos últimos 25 anos. Não retiro uma só palavra que disse a respeito. Mas tudo se desvanece diante do espetáculo que agora se descortina. O passado, com todos os seus crimes, suas loucuras, suas tragédias, se apaga. Vejo os soldados russos postados no limiar de sua pátria, guardando os campos que seus pais araram desde tempos imemoriais; vejo-os guardando seus lares; suas mães e esposas oram, ah! sim, pois há momentos em que todos oram pela segurança de seus entes queridos, pelo retorno daquele que ganha o pão, do campeão, do protetor. Vejo as dez mil aldeias da Rússia, onde os meios de subsistência são tão penosamente arrancados do solo, mas onde ainda há alegrias humanas primordiais, onde as jovens riem e as crianças brincam. Vejo, avançando sobre tudo isso, num hediondo assalto, a máquina de guerra nazista, com o retinido metálico e o ruído das botas de seus

> oficiais prussianos janotas, daqueles agentes astutos e especializados, revigorados pela intimidação e subjugação de uma dezena de países.[4]

As democracias também têm sua propaganda... Qualquer inimigo de Hitler é amigo da Inglaterra: Churchill estende a mão a Stalin. Por sua conta e risco.

Cinco meses depois, em 7 de dezembro de 1941, os japoneses atacam a base americana de Pearl Harbor e arrastam os Estados Unidos para o conflito.

Churchill agora sabe que vai ganhar a guerra. Já não está lutando sozinho, mas também não estará decidindo sozinho.

A grande aliança

Com a entrada dos dois gigantes no conflito, URSS e Estados Unidos, no intervalo de alguns meses, Churchill está confiante:

> Nosso campo agora engloba quatro quintos da raça humana. Quanto a esses homens diabólicos, esses grupelhos militaristas, essas organizações partidárias que desencadearam males tão hediondos no mundo, seria uma vergonha se não lhes infligíssemos uma lição cuja lembrança ainda estará viva daqui a um milênio![1]

Mais que esperança, o que o sustenta nesse final de *annus horribilis* é a certeza:

> Assim, tínhamos acabado por vencer! [...] A Inglaterra sobreviveria, a Grã-Bretanha sobreviveria, a Commonwealth das nações e o Império sobreviveriam.[2]

A posteriori, sabemos que Churchill tinha razão mais uma vez e que enxergava longe, mas naquele momento muita gente que o cercava deve tê-lo achado exageradamente otimista.

No teatro de guerra, acumulam-se fracassos nesse início de 1942, em que chega ao paroxismo o poderio do

Eixo. Somente alguns frêmitos, pequenas mudanças, meias vitórias e resistências indicam aqui e ali que a História poderia virar a favor dos Aliados. Se olharmos o mapa-múndi que Churchill examina o tempo todo na sala dos mapas de seu quartel-general, veremos que as bandeiras inimigas estão fincadas em todos os pontos, em terra e nos mares percorridos por submarinos que dizimam os comboios britânicos com espantosa facilidade (em suas *Memórias*, Churchill falará do "paraíso dos submarinos"). No front russo, nada parece poder deter o avanço da *Wehrmacht*. Os russos recuam, pondo em prática a política de terra arrasada, de início surpreendidos pela violência do choque e pela brusca reviravolta da aliança com Hitler. Este, em todo caso, se vangloria e anuncia a quem queira ouvir, em particular e nas ondas de rádio, que suas forças estarão em Moscou daí a duas ou três semanas. "A fina flor do Exército Vermelho está destruída." No final de julho, os países bálticos e o oeste da Ucrânia são invadidos. Em setembro, Kiev cai, a Ucrânia é devastada e a Crimeia está sob controle. Em Londres, todos se preocupam: será possível que o exército russo seja tão pouco resistente quanto o francês? Será possível que a Inglaterra continue combatendo sozinha antes do inverno? Na realidade, a partir do outono, os exércitos alemães diminuem a velocidade do avanço e começam a se chocar com uma resistência mais eficiente. Esta se organiza em especial graças à ajuda logística dos Estados Unidos e da Grã-Bretanha. Preocupado em não perder seu novo aliado, Churchill batalha para lhe enviar o máximo possível de material; não podendo de imediato atender a seu pedido mais que premente de abrir nova frente para aliviá-lo da pressão alemã, ele está pronto a se privar de recursos e armas. Em Londres, o primeiro-ministro lamenta o tempo todo não poder fazer mais e envia numerosas missivas cordiais e calorosas para manter boas relações com Stalin. As respostas destes são menos entusiasmadas: "Em minha última mensagem, eu expus o ponto de vista do governo soviético, de que o estabelecimento de uma segunda frente é o remédio mais fundamental para melhorar a situação em relação à nossa causa comum. Respondendo à sua mensagem, na qual o senhor enfatiza mais uma vez a impossibilidade de criar uma segunda frente neste momento, só posso reiterar que a ausência de um segundo front simplesmente favorece os desígnios de nosso inimigo comum".[3] E Stalin propõe a seu interlocutor estupefato o desembarque em Arkhangelsk (porto situado ao norte de Moscou) de 25 ou trinta divisões ou então que elas passem pelo Irã. Churchill não esconde a perplexidade ou até preocupação: como Stalin pode afirmar seriamente "tais absurdos" sem ser moderado por seus conselheiros? Que aliado estranho...

Impotente para satisfazer as exigências nem sempre razoáveis do dirigente da URSS, Churchill se restringe a uma ação simbólica e amplamente publicizada. Pede a colaboração de Clementine, que viu como o esposo e todo o povo inglês, com ele, estavam tristes por não poderem fazer mais para ajudar os russos. Portanto, com a concordância do marido e a ajuda de Anthony Eden, ela lança uma grande campanha de coleta de fundos, para enviar assistência médica por intermédio da Cruz Vermelha e dos hospitalários de Saint John. E, assim, Clemmie fica em evidência, sob o fogo da imprensa, promovendo a "ajuda à Rússia": 53 kits para operações urgentes, trinta aparelhos de transfusão de sangue, 70 mil agulhas cirúrgicas de todos os tipos, 1 milhão de comprimidos, 7 toneladas de algodão hidrófilo e 8 milhões de libras são enviados aos "valentes exércitos e ao corajoso povo russo", que devem ter apreciado...

Ajuda mais segura é a do inverno, que finalmente chega e, assim como outrora fez com os soldados de Napoleão, bloqueia o exército alemão. Por fim, outra maneira de ajudar os russos – como sugeria Stalin em sua correspondência –, que não era tão absurda, seria abrir uma passagem no front oriental para estabelecer uma junção entre os exércitos russo e britânico. Churchill acaba por concordar e ordena a invasão do Irã então sob influência alemã. As forças britânicas ocupam o sul do país, enquanto os russos ocupam o norte: o encontro dos dois ocorre em Teerã, então neutra, e o domínio da região lhes proporciona uma excelente via no Golfo Pérsico para transportar todo o material militar necessário à resistência soviética. A Inglaterra, por sua vez, extrai disso outro benefício nada desprezível, porque conserva a exploração dos recursos petrolíferos do Irã.

Menos favorável aos Aliados é o front do Oriente Médio. Apesar das ofensivas britânicas de janeiro de 1941, Rommel, a Raposa do Deserto, prossegue em seu inexorável avanço, provocando o recuo dos britânicos. Em 21 de junho, consegue retomar a cidade de Tobruk e faz inúmeros prisioneiros. O front se estabiliza em El Alamein, a apenas cem quilômetros de Alexandria, dominada pelo pânico. Preocupado e surpreso, Churchill vai ao local para dimensionar o fracasso e, sobretudo, a extrema dificuldade de posição. Apenas uma mudança de comando militar e uma ajuda material extra poderiam reverter a situação, mas a máquina de guerra americana ainda não está funcionando a pleno vapor. É verdade que o trauma de Pearl Harbor provoca respostas. Também nesse caso, ninguém parece capaz de deter o irresistível avanço dos japoneses no Oceano Pacífico. Eles saem vitoriosos em todos os lugares: Tailândia, China, Filipinas. Tomam Rangum em 2 de março, ocupam Hong Kong e a Birmânia. Invadem a Malásia e no mesmo mês tomam Java e Sumatra. Mas especialmente em 15 de fevereiro de 1942, surpreendendo todo mundo, a começar por Churchill, Singapura, simbólico bastião britânico, cai nas mãos deles, que já se veem às portas da Índia, com as vistas voltadas para a Austrália. Na sala dos mapas, Churchill fica bem mal-humorado, quando não está frenético, o que é compreensível. Nos Estados Unidos, em 26 de dezembro de 1941, ele havia anunciado, diante do Senado e da Câmara dos Deputados reunidos em Congresso, uma guerra longa e difícil:

> As forças que se erguem contra nós são enormes. São implacáveis, são brutais. Os perversos e suas facções, que lançaram seus povos no caminho da guerra e da conquista, sabem que serão chamados a pagar um preço terrível se não conseguirem esmagar pela força das armas os povos que eles assaltaram. Nada os deterá. Eles têm um grande acúmulo de armas de guerra de todos os tipos. Têm exércitos, forças navais e aéreas muito bem treinados e disciplinados. Seus planos e desígnios foram concebidos e amadurecidos durante muito tempo. Não recuarão diante de nada que a violência ou a traição sugerirem.
>
> É bem verdade que, de nosso lado, os recursos em pessoal e material são muito superiores aos deles. Mas até

> agora só uma fração de nossos recursos está mobilizada e desenvolvida, e nós ambos temos muito que aprender sobre a arte cruel da guerra. Portanto, temos diante de nós, sem nenhuma dúvida, um período de tribulação. Durante esse tempo, perderemos algum terreno, que será difícil e custoso recuperar. Muitas decepções e surpresas desagradáveis nos esperam.[4]

Ele diz também:

> Nossos povos deverão saber da verdade, por mais sombria que ela seja. [...] E nem todas as notícias serão ruins.[5]

De fato, elas parecem ir melhorando aos poucos. Na Rússia, o front se estabiliza, e o cerco de Leningrado se prolonga. Será terrível, mas os russos não cederão. No Pacífico, os americanos registram a primeira grande vitória naval sobre os japoneses, a nordeste da Austrália, no Mar de Coral. As tropas nipônicas tinham, além disso, sido expulsas da Nova Guiné em janeiro. No mês de maio, os britânicos tomaram o norte de Madagascar, que acabaram por deixar a cargo do governo da França Livre. No outono, o novo comando de Montgomery, à frente do 8º exército, põe em xeque o exército de Rommel. É a batalha de El Alamein. Janeiro de 1943, a cidade de Trípoli é tomada. Por fim, em toda a Europa organizam-se movimentos de resistência, mobilizando as populações na clandestinidade e realizando operações contra o ocupante. É o que ocorre com muitos grupos de resistentes na França, na Bulgária, na Polônia e na Iugoslávia. A Inglaterra não fica atrás: desde o início da guerra, Churchill criou uma seção destinada a ajudar os movimentos de resistência nos países ocupados. Esta favorece por todos os meios possíveis a agitação e a sabotagem, enquanto informa o primeiro-ministro da evolução das forças políticas emergentes. Com a ajuda dos Estados Unidos, a Grã-Bretanha também recompôs sua aviação, e o número de suas aeronaves agora é superior ao da Alemanha: Churchill ordena o bombardeio sistemático dos grandes centros industriais do Reich a partir de 14 de fevereiro de 1942. Os estragos são imensos e enfraquecem muito o exército, enquanto os alemães, assim como haviam feito os londrinos durante a *Blitzkrieg*, reforçam a resistência de suas populações e a união com seu líder.

No final de 1942, Churchill tem, portanto, razões para esperanças.

Mas o comandante militar, que agora precisa dividir responsabilidades com novos e poderosos aliados, sente que está arriscado a perder o domínio das operações em campo, tal o aumento do contingente americano; além disso, o comando combinado muitas vezes dá preferência aos que pagam ou oferecem armas. Churchill dedica-se a uma nova tarefa, sem por isso abandonar a estratégia militar. Seu grande negócio é consolidar aquilo que – lembrando a coalizão realizada contra Luís XIV no tempo do duque de Marlborough – ele chama de "grande aliança". De fato, a entrada da URSS e dos Estados Unidos na guerra exige a intensificação das relações e das negociações diplomáticas entre os Aliados, e Churchill quer desempenhar papel central de mediador, organizador e, se possível, ter voz de decisão. É o início de uma longa e cansativa série de viagens: entre 1942 e 1943, ele será visto na América, na Rússia, no Cairo, na Turquia, na Grécia, em

Marrocos... Calcula-se que esse homem de 69 anos tenha percorrido mais de 180 mil quilômetros entre 1939 e o mês de novembro de 1943. Isso não deixa de ter consequências sobre sua saúde e sua resistência física: de avião, as condições de voo não são confortáveis e, muitas vezes, há riscos. Contam-se dois casos a respeito. Lorde Moran, seu médico, lembra-se de um voo difícil, quando o frio congelava toda a tripulação:

> Ao acordar, vi o primeiro-ministro ajoelhado, tentando tapar uma corrente de ar com um cobertor num dos lados do avião. Ele tiritava: voávamos a 2,5 mil metros de altitude, em pleno inverno, num bombardeiro sem aquecimento. Levantei-me e lutamos sem muito sucesso para cortar o vento. Uma hora depois, ele me acordou e voltamos ao ataque. Como o primeiro-ministro nunca usa nada além de um casaco de seda para dormir, esse modo de viajar lhe é especialmente penoso. De quatro, com seu grande traseiro branco e nu, ele deixava à mostra uma silhueta muito curiosa.[6]

"Não há herói para seus lacaios", dizia Hegel. Ao que tudo indica, nem para seus médicos. Mais dramático, se o acaso não tivesse entrado em ação mais uma vez, foi o retorno dos Estados Unidos a Londres em 16 de janeiro de 1942, quando o piloto do hidravião que o levava perdeu o rumo e desviou para Brest, ocupada pelos alemães. Se a trajetória não fosse corrigida, ele talvez tivesse sido abatido pela bateria antiaérea alemã. Mas, quando o avião é avistado das costas britânicas, seis Hurricanes ingleses, considerando-o inimigo, levantaram voo para destruí-lo! Por sorte, não conseguem detectá-lo em voo... O mais grave, sem dúvida alguma, é que as necessárias permanências no exterior afastam Churchill de Londres e de seu povo: a política interna não o apaixona muito, e, nessa época, ele tem todos os álibis para deixá-la por conta de outras pessoas mais competentes e motivadas no governo, mas suas ausências prolongadas (algumas duram mais de dois meses) cedo ou tarde podem lhe custar caro.

Churchill, portanto, empenha-se com todas as forças na nova batalha diplomática. Começou por estabelecer laços sólidos e, espera, fraternos com os Estados Unidos e com o presidente Roosevelt. O primeiro encontro dos dois ocorre na Baía de Placentia, ao largo da Terra Nova. Churchill chega no *Prince of Wales*, magnífico couraçado recém-saído dos estaleiros, e Roosevelt, no *Augusta*. Os dois homens, que já haviam trocado longa correspondência, logo se unem por amizade num ambiente solene: assistem a um serviço religioso em 10 de agosto, cujos textos foram escolhidos pelo próprio Churchill. Entre 9 e 12 de agosto de 1941, eles lançam as bases da Carta do Atlântico. Esse texto, capital, apresenta os princípios morais e políticos que os signatários se comprometem a aplicar no retorno da paz. São eles afirmados da seguinte maneira: rechaço à conquista territorial, não à modificação territorial sem o consentimento dos povos, acesso de todos os Estados a todas as fontes de matéria-prima, cooperação econômica universal, liberdade de cada povo escolher sua própria forma de governo, liberdade dos mares, renúncia ao emprego da força, desarmamento progressivo, paz como meio de prosperidade e segurança para todos os povos. Em tempo de guerra, essas obrigações são princípios louváveis e idealistas que todos estão prontos a defender.

Churchill, que não poupou esforços na volta a Londres para fazer o maior número possível de governos assinar essa carta, obtém sem dificuldade o aval dos representantes exilados dos países invadidos por Hitler, mas também o de Stalin, e sabe-se que valor ele dava a esse tipo de compromisso. Mas o primeiro-ministro finge esquecer (ou esquece de verdade, a tal ponto, nele, a convicção às vezes prevalece sobre o senso de realidade) que esse texto o vincula também, mais até do que parece imaginar: a liberdade dos povos de dispor de si mesmos não envolverá as colônias?

Ocorre um segundo encontro em dezembro de 1941. Churchill atende ao convite de Roosevelt e vai aos Estados Unidos; sua visita, magistralmente orquestrada, é um verdadeiro sucesso. Vemos os dois acendendo uma árvore de Natal no gramado da Casa Branca, e, em 26 de dezembro, diante do Senado e da Câmara dos Deputados, Churchill profere um discurso em que anuncia não só as provações que estão por vir, mas também que espera as vitórias que uma amizade tão sólida entre os dois povos não pode deixar de provocar. Da sacada da Casa Branca, Churchill, lírico e emotivo, deseja um "Feliz Natal" aos Estados Unidos e à Inglaterra.

> Passo esta data, estas festas, longe de meu país, longe de minha família, e mesmo assim não posso dizer que me sinto longe de casa. Pelos laços de sangue por meu lado materno, pelas amizades que criei aqui durante os muitos anos de vida ativa, pelo fortíssimo sentimento de camaradagem que une na mesma causa grandes povos que falam a mesma língua, ajoelham-se diante

> dos mesmos altares e, em grande medida, perseguem os mesmos ideais, não posso me sentir estrangeiro aqui, na sede dos Estados Unidos. Nutro o sentimento de unidade e de associação fraterna que, somado à gentileza de vossa acolhida, convence-me de que tenho o direito de sentar-me diante de vossa lareira e compartilhar vossas alegrias natalinas![7]

Mais concretamente, essa viagem rende, no início de 1942, a elaboração de uma estratégia unificada e a criação de um comitê combinado de aprovisionamento. Dá ensejo à Declaração das Nações Unidas, que reproduz os princípios da Carta e confirma os intercâmbios de material e as modalidades de envio destes à Europa e à Rússia. Para resumir, seria possível dizer que a amizade entre o presidente e o primeiro-ministro é real e baseia-se no respeito mútuo, que não exclui a camaradagem nem certa forma de intimidade. Durante essa permanência, Roosevelt surpreenderá Churchill saindo do banho (portanto nu!) e ditando missivas a seu secretário. Avistando o presidente, o primeiro-ministro soltará esta frase que transforma em lenda uma situação potencialmente humilhante ou ridícula: "A Inglaterra não tem nada para esconder!".[8] Churchill e Roosevelt se encontrarão onze vezes pessoalmente e trocarão quase oitocentas mensagens cada um. Mas essa relação não implica um vínculo de igualdade. Quanto mais a guerra avança, mais Churchill é dependente e menos satisfação obtém para suas demandas. Seu poder de influência já não funciona. Tendo iniciado essa amizade por precisar dela e por desejá-la mais que tudo, ele acaba sendo, de algum modo, sua vítima. Apesar de nunca ser traído, às vezes será negligenciado ou ignorado. A *special relationship* é uma faca de dois gumes.

Nunca se sabe se Churchill está sendo levado pelo entusiasmo e por suas crenças. Se acreditou ser amigo de Roosevelt (e provavelmente sim, em grande medida), terá achado de fato que podia criar vínculos verdadeiros e, sobretudo, laços de confiança com Stalin? O primeiro encontro dos dois ocorre em agosto de 1942. Depois de passar seis dias no Egito, perto de El Alamein, para conversar sobre as posições anglo-americanas com sir Harold Alexander e Montgomery, ele vai a Moscou para permanecer cinco dias. O encontro era necessário por causa dos diversos mal-entendidos com Stalin, cujas demandas de abertura de um front se tornaram insistentes e mesmo agressivas. Churchill, assim como Roosevelt, teme a assinatura de um acordo de paz em separado entre a Alemanha e a Rússia. É verdade que, diante do que ocorrera entre a Primeira Guerra Mundial e a assinatura do Pacto Germano-Soviético, são compreensíveis essas preocupações. A ideia de Churchill é ir falar de homem para homem com o dirigente da URSS e contar com seus dons oratórios e com uma relação direta para convencer o ditador da boa-fé dos Aliados e da necessidade de unir esforços. Afinal, isso poderia funcionar: Churchill é hábil, *bon vivant*, jovial. É um herói como Stalin. Poderiam se entender? Mas o outro é manhoso, enigmático e, acima de tudo, cruel. Além disso, desdenha das leis e da palavra dada. Churchill sabe ser pragmático e até cínico, mas é legalista. O ditador impõe o reino do terror em seu país, e seu povo teme tanto seus acessos de magnanimidade quanto as explosões de raiva. Com seus hóspedes, ele faz o mesmo, morde e sopra, é ora amistoso e caloroso, ora ameaçador e insultante. A força de Churchill consistirá em resistir quando necessário, mas cometerá o erro de acreditar que fez Stalin mudar de opinião, quando ele havia apenas mudado de tática.

O primeiro encontro ocorre na noite da chegada de Churchill a Moscou, em 12 de agosto, e dura quatro horas. O clima está tenso, pois Churchill sabe que não pode satisfazer totalmente o desejo de Stalin de abrir um novo front. O primeiro-ministro expõe sem paixão as posições dos exércitos em 1942 e anuncia que nada mais deve ser esperado antes de 1943. À medida que os argumentos se sucedem, as conversas se tornam mais acaloradas e o tom sobe: Stalin dá a entender que os Aliados são covardes, enquanto Churchill expõe os riscos de uma operação terrestre mal preparada. Estrategista, o primeiro-ministro deixa que se instale o mau humor e manipula a surpresa da revelação da operação Torch. Trata-se de um projeto que ele discutira no maior segredo com Roosevelt: visa a desembarcar no Norte da África, pelo Mediterrâneo e pelo Egito. Pedagógico, Churchill faz um desenho, que é sem dúvida a melhor maneira de se esquivar da intermediação do tradutor e tocar diretamente o interlocutor. Desenha um crocodilo e mostra que ele quer atacar o animal pelo ventre (mole) e pelo focinho (duro). Em suas *Memórias de guerra*, Churchill escreverá: "E Stalin, cujo interesse agora era máximo, exclamou: 'Que Deus ajude o sucesso dessa ação!'". Nesse momento parece que o gelo foi quebrado, e Stalin faz perguntas táticas precisas. Impressiona Churchill ao detectar de imediato todas as vantagens estratégicas da operação: pegar Rommel pela retaguarda, calar a Espanha, provocar um conflito entre a França (zona livre) e a Alemanha, desviar a guerra para a Itália. E a isso Churchill acrescenta a abertura das vias marítimas mediterrâneas. A tensão diminui, e o primeiro-ministro acredita ter ganhado a parada:

> Nós nos reunimos em torno de um grande globo terrestre, e expliquei a Stalin as imensas vantagens que obteríamos expulsando o inimigo do Mediterrâneo; acrescentei que estava à sua disposição, caso ele desejasse me rever.

No dia seguinte, o frio siberiano abateu-se de novo sobre o Kremlin, e Stalin, que recebe os convidados às 23 horas, mostra-se insultuoso:

> Ele nos diz muitas coisas desagradáveis, afirmando, em especial, que tínhamos medo demais de enfrentar os alemães e que, se tentássemos lutar como os russos, veríamos que não é tão terrível.

Churchill primeiro responde com cortesia, depois acaba sendo brusco:

> Acrescentei com alguma exaltação que sua atitude não estava sendo a de um verdadeiro companheiro de armas; eu tinha feito uma viagem muito longa para estabelecer boas relações de trabalho entre nós.[9]

Churchill fica com raiva, e o tom de sua réplica, que não é traduzida, agrada a Stalin. "Não compreendo suas palavras, mas, por Deus, gosto do espírito com que são pronunciadas." As coisas se acalmam por algum tempo, até a observação mordaz que encerra a conversa: “Não se ganha a guerra com planos”. No final, Churchill por certo convenceu aquele preocupante aliado a não sair da guerra e a respeitar a obrigação de assistência mútua. Mas o encontro deixa um gosto amargo no primeiro-ministro, que se abstém de expressar suas dúvidas ao voltar à Câmara. Assim, em 8 de setembro de 1942, ele só registrou os aspectos vantajosos de sua estada na Rússia:

> Em meio a seus tormentos, a Rússia tem muita sorte de ter à frente esse grande e rude líder de guerra. É um homem de personalidade poderosa e eminente [...] um homem com coragem e vontade inesgotáveis, um homem que fala com franqueza e até com rispidez, [...] e, acima de tudo, é um homem que tem o senso de humor salvador, tão importante para todos os homens e todas as nações, mas em especial para os grandes homens e as grandes nações. Stalin também me deu a impressão de ser dotado de uma sabedoria profunda e imperturbável, bem como de total ausência de ilusões. Creio tê-lo feito sentir que nessa guerra somos bons e fiéis camaradas.[10]

Por fim, Churchill precisa “administrar” o general De Gaulle, que, ao longo dos meses, mostra ser um convidado bem complicado. Em primeiro lugar, Roosevelt não gosta muito dele e não o distingue dos outros militares franceses que se recusaram a obedecer ao governo de Vichy. Mais que isso, o presidente americano se gaba de manter relações cordiais com o Estado francês e não perde a esperança de receber o apoio desse regime para mover suas peças na Europa contra a Alemanha. Isso não facilita a tarefa de Churchill, que não pode contradizer seu poderoso amigo, mas não é convencido por seus argumentos. De Gaulle, por sua vez, é um pouco agitado demais e, em vez de se mostrar mais humilde, não para de se proclamar o único representante da França Livre. Antes mesmo da operação Torch, que deitará lenha na fogueira, três episódios ensejaram sérios atritos. Em primeiro lugar, em 24 de dezembro de 1941, Saint-Pierre-et-Miquelon aliou-se à França Livre. De Gaulle informara previamente Londres e Washington da possibilidade de uma operação no local. Churchill se declarara de acordo, mas Roosevelt se opusera, pretextando o risco de romper suas "boas" relações com Pétain. De Gaulle ignora, e Churchill fica em posição difícil. A questão, que poderia ter parado por aí, ganha dimensões inesperadas por causa da forte personalidade de uns e outros. Em 20 de janeiro Churchill convoca De Gaulle e descarrega violentamente sua raiva sobre um general que permanece fleumático e silencioso, cumprimenta-o e sai. "Que homem!" – exclama Churchill. "Ele fez a única coisa que podia ser feita. Tiro o chapéu!" A admiração em breve dará lugar à irritação. Em maio de 1942, os ingleses tentam ocupar Madagascar, e De Gaulle lhes propõe em vão a ajuda da França Livre. O atrito é extremamente violento, sobretudo porque os dois homens se opõem ao mesmo tempo pela influência na Síria e no Líbano:

> "O senhor diz que é a França! O senhor não é a França! Não o reconheço como a França!" De Gaulle: "Por que discute essas questões comigo, se eu não sou a França?".[11]

A operação Torch cristalizará esse conflito latente e o revelará à opinião pública. Organizada em sigilo, tal operação é composta por três comboios. Sob o comando do general americano Eisenhower, que tem sob sua responsabilidade 100 mil homens, ela se inicia em 8 de novembro. Trata-se de assumir posição na Argélia e no Marrocos, na expectativa de conseguir em seguida subir para a Itália e expandir-se para o Egito. Em Argel, o general Juin não opõe resistência. Os combates em Orã, mas sobretudo em Fedala e Port-Lyautey, no Marrocos, são bem mais sérios, mas os Aliados conseguem vencer. No entanto, quis o acaso que Darlan, leal ao governo de Vichy e, acima de tudo, profundamente hostil aos ingleses, estivesse presente, junto ao filho doente em Argel. Os funcionários e militares fiéis a Pétain recusam-se a desarmar-se e só querem dever obediência a ele. Americanos e britânicos, portanto, são obrigados a passar por esse representante de Vichy para evitar os combates. Em 12 de novembro, Darlan assina, em nome do marechal - que o desautorizará - um cessar-fogo no qual se estipula que ele exercerá o poder em nome do governo de Vichy e que o exército francês se une aos Aliados na guerra contra a Alemanha. Tendo-se tornado alto-comissário para o Norte da África, Darlan ordena que a frota de Toulon venha a Argel, pois, em represália à operação Torch, os alemães invadiram a zona livre. Em Toulon, o almirante hesita em obedecer e, por fim, a frota se afunda para não cair nas mãos do inimigo. Nos Estados Unidos e na Inglaterra, a opinião pública não entende mais nada, até porque De Gaulle protesta veementemente. Não só os franceses livres não estão associados à operação, como também os Aliados discutem com um colaborador dos alemães, notório anglófobo. Na

Câmara dos Comuns e diante da imprensa, Churchill tem muita dificuldade para justificar o recurso àquilo que ele chama de "expediente provisório". Mais favorável a De Gaulle, ele se abre com Roosevelt sobre o perigo de tal posição: "Sou obrigado a informá-lo de que o acordo com Darlan causou graves agitações na opinião pública".[12]

Mas, diante do apoio americano reiterado a Darlan, Churchill, irritado com as iniciativas e com a popularidade do general, submete-se. E acaba por proferir palavras que, felizmente, o general não ouviu:

> Nós financiamos o movimento dele. Nós o ajudamos em suas iniciativas. Mas nunca o reconhecemos como representante da França. Nunca admitimos que ele e os que o seguem possam ter o monopólio do futuro da França por terem se mostrado clarividentes e corajosos no momento da capitulação. [...] No entanto, eu não lhes recomendaria basear todas as esperanças e a confiança nesse homem e muito menos acreditar que, na atualidade, nosso dever seja confiar a ele os destinos da França, na medida em que isso esteja em nosso poder.[13]

Contudo, uma observação do francês faz o velho leão vacilar, ao sentir que está perdendo terreno e sendo obrigado a engolir sapos:

> Não o entendo. O senhor está travando guerra desde o primeiro dia. Pode-se até dizer que, pessoalmente, o senhor é essa guerra. Seus exércitos estão vitoriosos na Líbia. E o senhor se põe a reboque dos Estados Unidos quando nenhum soldado americano até agora viu um

soldado alemão. Cabe ao senhor assumir a direção moral dessa guerra. A opinião pública europeia o seguirá.[14]

Quer um "feliz" e favorável acaso que Darlan seja assassinado em 24 de dezembro, para grande alívio de todos. Em suas *Memórias*, Churchill se dá o trabalho de fazer uma oração fúnebre bem exagerada, mas na realidade sorri de alegria por estar livre daquela dolorosa espinha fincada em sua consciência. O general Giraud, que Roosevelt, preferindo-o a De Gaulle, empurrou para o centro da cena, apesar de não lhe confiar o comando da expedição, é nomeado novo alto-comissário. Mas, para De Gaulle, ele não representa nada.

A batalha diplomática, portanto, vai recomeçar com força total durante a conferência de Casablanca, que ocorre em 14 de janeiro de 1943. Estava prevista para que os três aliados se encontrassem, mas Stalin recusou-se a comparecer. Churchill, chegando incógnito no dia 12, e Roosevelt, desembarcando no dia 14, encontram-se para grande surpresa de todos os observadores da época. São abordados vários assuntos: no plano estratégico, o sucesso da operação Torch possibilita contar com uma irrupção no Mediterrâneo via Sicília (operação Husky) e depois Itália (operação Avalanche) e, espera Churchill, Turquia. Esse projeto "mediterrâneo" é defendido pelo primeiro-ministro, que acredita ser preciso enfraquecer a Alemanha na periferia das zonas de conflito antes de a atacar frontalmente. Ele espera também fazer a Turquia guinar para o campo dos Aliados e continua com restrições às operações combinadas e essencialmente terrestres, em vista das pesadas derrotas que sofreu toda vez que as empreendeu. Os americanos, por sua vez, prefeririam um desembarque frontal na Normandia (operação Sledgehammer), o que aliviaria a Rússia e libertaria a França. Nesse estágio das negociações, os estrategistas britânicos ainda prevalecem, e a operação é retardada, por não ser possível mobilizar de imediato todos os recursos necessários. Mas Churchill, embora marque um ponto quanto às escolhas estratégicas, é desacreditado por seu parceiro americano, que lhe dita cada vez mais o que tem de fazer. Assim, Roosevelt anuncia à imprensa que a guerra continuará até a capitulação incondicional dos inimigos. Em suas *Memórias*, Churchill se defende de ter sido reticente em face dessa declaração, para a qual não tinha sido consultado. Mas sua argumentação é muito válida: o anúncio de uma rendição incondicional sempre encoraja os povos desesperados a lutar até o fim e sem dúvida prolongou a guerra em algumas semanas ou mesmo alguns meses. Mas é principalmente o jogo de Roosevelt com De Gaulle e Giraud que deixará perplexo o primeiro-ministro e o levará mais longe do que ele talvez quisesse em seu conflito com o comandante da França Livre. Roosevelt quer um encontro entre os dois generais, se possível diante da imprensa. Ambos se recusam a ir a Casablanca, mas acabam indo, por razões diferentes. Com humor pesado e, afinal, de mau gosto, o presidente americano exige que Churchill funcione literalmente como alcoviteiro no "casamento" de Giraud com De Gaulle. "Vamos chamar Giraud de noivo, e o faço vir de Argel. O senhor faça vir de Londres a noiva, De Gaulle, e nós arranjamos um casamento forçado."[15] A desobediência da "noiva" humilha Churchill diante de seu aliado e o obriga a encolerizar-se para não continuar sofrendo por mais tempo a afronta e a ironia de Roosevelt: "Trouxemos o noivo,

Giraud". "Lady" De Gaulle, que acabou por ir ao Marrocos, encontra-se com Churchill. A conversa é explosiva: "Deixei bem claro que, se ele persistisse em ser um obstáculo, nós não hesitaríamos em romper definitivamente com ele". A ameaça, na realidade feita em francês, é menos convincente, mas não deixa de ser estimulante: "Se estorvar, acabo com você".[16] O casamento, portanto, ocorrerá "com salvas" e Giraud e De Gaulle apertam as mãos em público, diante da objetiva dos fotógrafos. No entanto, nada poderá uni-los, e Churchill está longe de encerrar o assunto com De Gaulle.

Como se isso não bastasse, Churchill também precisa superar dificuldades em seu próprio governo e na bela democracia que é a Inglaterra. Fortemente apegado a esse regime, Churchill também precisa enfrentar seus obstáculos. Já em março de 1917, explicava a um amigo que com ele visitava a Câmara dos Comuns:

> É este pequeno aposento que nos diferencia da Alemanha. É graças a ele que acabaremos vencendo, mesmo com dificuldades, e é por não o ter que a Alemanha se encaminha para o desastre final, apesar de toda a sua brilhante eficiência. Este pequeno aposento é o santuário das liberdades do mundo.[17]

A verdade é que o tal santuário lhe dá dores de cabeça. Já profundamente afetado pela capitulação de Singapura e depois de Tobruk, como relata seu médico, lorde Moran, na época, ele precisa assumir as consequências políticas desses acontecimentos. Por três vezes até 1942, deverá enfrentar a prova da moção de censura. Os deputados, mas também, de modo mais amplo, a imprensa, se perguntam se sua estratégia é boa e se ele continua sendo o homem certo para a situação. Em maio de 1941, ele foi posto em xeque por ocasião da derrota sofrida na Grécia, mas obteve ampla maioria (447 votos a 2). Em janeiro de 1942, as discussões são acirradas e duram mais de dois dias. Também então a votação é irrefutável (464 a 1). Por fim, em 25 de junho de 1942, um deputado apresenta uma moção em que expressa a "falta de confiança da Câmara na direção central da guerra". Mais uma vez, Churchill vai à frente do parlamento, expõe, convence e faz a verdadeira pergunta: quem, senão ele, vai conduzir a guerra? "Cada voto dos senhores vai contar." Em 2 de julho, sai o resultado: 475 a 25. É a última vez que Churchill terá de se justificar antes da vitória.

Contudo, o homem tem suas fraquezas: acometido com frequência pela pneumonia e por problemas cardíacos nos Estados Unidos em 1941, ele teme ser vítima de um ataque mais forte e, apesar de tudo, rejeita o repouso reparador. O esgotamento está à espreita e talvez às vezes afete sua lucidez: ele fica obcecado por um improvável desembarque na Noruega, está convencido de que a Turquia poderá vir para o campo aliado ou, simplesmente, raciocinar com uma guerra de atraso. Embora se adapte, Churchill também tem bloqueios e perigosa tendência a ignorar as condições materiais de realização de seus projetos. A vontade condiciona a realidade, mas isso pode vir a ser catastrófico em tempos de guerra. Ao mesmo tempo que irrita os oficiais e os ministros que o cercam por subjugá-los, também é difícil influenciá-lo. Todos conhecem a frase de Roosevelt a seu respeito: "Winston tem cem ideias por dia, umas três ou quatro são boas. O problema é que ele não sabe quais". O próprio Churchill, porém, apresenta a solução para controlar seus arrebatamentos.

> Um talentoso psicólogo americano disse: "A preocupação é um espasmo da emoção; a mente se agarra a uma coisa e não a solta mais". É inútil argumentar com a mente nessa condição. Quanto mais forte a vontade, mais baldada a tarefa. A gente só pode introduzir suavemente alguma outra coisa em seu agarramento convulsivo.[18]

Portanto, Winston precisa de artifícios, derivativos, outras distrações para que sua mente, que não consegue parar, tome outra direção. É compreensível que sua mulher e outras pessoas ao redor tenham se cansado.

Vitórias e derrotas

Em 1943, começa o grande refluxo das forças do Eixo. Para Churchill, é a batalha de El Alamein que desempenha o papel de ponto de virada do destino: "Antes de El Alamein, nunca tínhamos saído vitoriosos. Depois de El Alamein, nunca mais conhecemos derrotas".[1] Em março, o 8º exército, ao qual se uniram 3,5 mil franceses livres comandados pelo general Leclerc, invade a Tunísia e ataca em pinça o exército de Rommel, que está doente. Em 13 de maio, rendem-se os últimos alemães que ainda resistiam, e os Aliados se assenhoreiam do Norte da África. No Extremo Oriente, os japoneses saem de Guadalcanal. Na URSS, os alemães são vencidos em Stalingrado. Churchill, assim como Roosevelt, tem motivos para se alegrar, mas não há muito tempo para descansar. Agora é preciso organizar os desembarques na Europa e, de novo, os desentendimentos por estratégias opõem os Aliados. Até então, o primeiro-ministro sempre teve ganho de causa e seus planos foram aplicados. Assim, no início de julho, começa o desembarque na Sicília (operação Husky) com oito divisões americanas e seis britânicas. As costas são bombardeadas, depois as tropas se lançam ao assalto, mas topam com firme resistência dos soldados alemães estabelecidos na ilha. Serão necessárias cinco semanas para desalojá-los. Ao mesmo tempo, um golpe de Estado derruba Mussolini, que é preso. Os italianos pedem armistício (a rendição será assinada em Malta), mas os ocupantes alemães passarão a se defender com toda a força do desespero. Depois, como Churchill tinha imaginado muito tempo antes, os Aliados tentam subir pelo sul da península: em 9 de setembro, tomam Salerno, mas os exércitos inimigos conservam suas posições por mais de quinze dias. Os Aliados são obrigados a bombardear pesadamente a região de Nápoles e só avançam com dificuldade. A Sardenha, em compensação, é mais fácil de libertar, enquanto as forças da França Livre pisam na Córsega. De Gaulle não deixa de afirmar sua legitimidade como comandante "natural" da Resistência francesa e já suplanta Giraud no coração dos franceses livres e nos fatos, no teatro da guerra. Reúne uma Assembleia Consultiva e assume sua direção. Os ingleses e os americanos fracassaram na tentativa de "diluir" sua influência (segundo termos de Churchill) e reconhecem sua posição de força, já que não podem fazer outra coisa.

Nesse estágio da reconquista, os grandes comandantes aliados entendem que é indispensável encontrar-se, em especial para coordenar as operações determinantes de libertação e para imaginar o futuro rosto da Europa. Para Churchill, soou a hora do apagamento, lento, mas inexorável. O que ele pressentira em Casablanca se concretizará, a despeito de sua feroz vontade de continuar no primeiro plano das negociações. Até agora, ele tinha sido o único a se encontrar pessoalmente com cada um dos membros da grande aliança. De algum modo, tudo transitava por ele. De 28 de novembro a 2 de dezembro de 1943, a conferência organizada em Teerã reúne pela primeira vez os três dirigentes. E, pela primeira vez, Roosevelt e Stalin vão dialogar diretamente. Churchill receia perder influência. Seus temores têm fundamento. Segundo ele, no plano militar, o ano de 1942 marcava "o fim do começo". Para seu papel diplomático, o ano de 1943 vai significar "o começo do fim". As discussões se concentram na organização da operação Overlord (antes Sledgehammer), ou seja, o desembarque nas costas normandas. Como se sabe, Churchill é reticente; alega, com razão, o custo em vidas humanas, os trunfos da *Wehrmacht*, sem dúvida mais aguerrida que as forças britânicas, a terrível defesa do muro do Atlântico e a dificuldade de levar a bom termo as operações anfíbias, ainda que a operação Torch tenha demonstrado a habilidade dos Aliados nesse ponto. Ele também acha, mas não pode dizer na frente de Stalin, que avançar como ele quer nos Bálcãs, continuando a seguir o caminho mediterrâneo, impediria a URSS de ficar com a maior parte daquela região e constituiria uma extensa zona tampão.

Mas no momento é preciso ceder: Stalin exige o desembarque, e Roosevelt está certo de que sai ganhando. Churchill se cala. Fica, assim, previsto que o desembarque será desencadeado na primavera, com tempo de preparar a operação em detalhes. Churchill também cede na organização do comando supremo: Eisenhower e Montgomery dirigirão as tropas, enquanto Mountbatten é nomeado comandante supremo dos Aliados para o Sudeste Asiático. O primeiro-ministro, portanto, cede aos americanos a direção em seu próprio continente... Também é planejado um segundo desembarque na Provença (chamado Anvill e depois Dragoon). Churchill fica em segundo plano, por enquanto, no que se refere à instituição de um conselho de segurança: ele desejaria muito que a França estivesse presente ao lado da China, dos Estados Unidos, da Grã-Bretanha e da URSS. Roosevelt continua sendo hostil a isso, no que é apoiado por Stalin, que argumenta que a França não está combatendo ao lado dos Aliados, esquecido não só da França Livre, como também de certo pacto que não o lançou de imediato na guerra... Por fim – e principalmente –, o primeiro-ministro tomou consciência, nos últimos meses, das ambições desmesuradas da Rússia no Leste da Europa e está apavorado, sobretudo porque Roosevelt, já doente e, ao que parece, indiferente à sorte do continente, não estudou de fato aquele dossiê e acumula erros e aproximações nas discussões. Na noite de 29 de novembro, Churchill, que claramente bebeu demais, comunica suas preocupações ao médico: "Acho que o homem é capaz de destruir a humanidade e apagar todos os vestígios de civilização. Não vai sobrar nada da Europa, e eu serei considerado responsável". E lorde Moran conclui sem dúvida *a posteriori*:

> Antes de vir, o primeiro-ministro não conseguia acreditar que, frente a frente com Stalin, as democracias pudessem tomar rumos diferentes. E ele percebe agora que não pode contar com o apoio do presidente [Roosevelt]. O pior é ele constatar que os russos também perceberam. Seria inútil tentar uma política enérgica com Stalin. De qualquer modo, ele agirá como bem entender. Virá a ser uma ameaça para o mundo livre, um outro Hitler? O primeiro-ministro está horrorizado com sua própria impotência.[2]

A única resistência possível é então recusar-se a falar das reivindicações territoriais do pós-guerra e do novo traçado das fronteiras. Mas, cedo ou tarde, será preciso enfrentar a questão do desmembramento da Alemanha e, sobretudo, da independência da Polônia, país pelo qual a Grã-Bretanha entrou em guerra... Stalin poderia ser tão monstruoso quanto o inimigo atual; diante dos massacres dos poloneses de Katyn, perpetrados em 1940 pelos russos, e não pelos alemães, Churchill ficara mudo em 1941, pois precisava conservar seu novo aliado. Mas não os esqueceu. E, se em 1943 ainda é preciso calar em nome da eficiência e da paz vindoura, seria possível elevar a voz mais tarde? E a que preço? Em Teerã, Churchill talvez tenha pensado em Chamberlain voltando de Munique...

O primeiro-ministro, portanto, está dividido entre preocupação, irritação e decepção. O primeiro encontro entre Stalin e Roosevelt transcorre às mil maravilhas: os dois se entendem muito bem e se seduziram mutuamente ou fingem acreditar nisso – o resultado é o mesmo. Churchill sente já não ser tão necessário. Fica ofendido por ser posto de lado quando Roosevelt faz tratativas particulares com o perigoso "amigo" de ambos sem o informar. Durante uma refeição bem regada, o choque finalmente ocorre. O assunto é o tratamento que deve ser dispensado à Alemanha após a vitória. Churchill, fiel a suas convicções, desejaria que a regra fosse a magnanimidade e que a Europa futura não excluísse a Alemanha. Stalin, mais vingativo, anuncia que será preciso fuzilar pelo menos 50 mil oficiais e técnicos alemães. Aquilo era piada? Para Roosevelt, sem dúvida; para Churchill, de jeito nenhum. Com seriedade, ele responde em nome dos valores e princípios: "Não me associarei a uma carnificina praticada a sangue-frio". E, como Stalin insiste, ele fica vermelho de raiva e, antes de se levantar e sair, diz: "Eu prefiro que me mandem sair imediatamente e me fuzilem a ter de desonrar o meu país!".[3] O mais difícil para Churchill talvez tenha sido ouvir a réplica de Roosevelt, associando-se a Stalin e tentando moderá-lo: "Proponho fuzilar só 49 mil!". Humor tem limite, e o primeiro-ministro não gosta de ser seu alvo: claro, pode-se matar com selvageria em tempo de guerra, mas não com despudor nem com alegria. Churchill, na realidade, está cansado, no sentido próprio e no figurado. Padecendo, ele precisa aguentar, mas por quanto tempo ainda?

Apesar disso, a conferência tem seus momentos agradáveis que, retrospectivamente, ganham um colorido crepuscular. Churchill festeja com os dois "amigos" seu aniversário de 69 anos. Brinda-se com champanhe, e o primeiro-ministro se abranda e fica comovido. Pelo menos é isso que se extrai da lembrança por ele relatada em suas *Memórias*: "Foi uma ocasião memorável em minha existência. À minha direita estava o presidente dos Estados Unidos e, à minha esquerda, o senhor da Rússia".[4] Mas a alegria não lhe tolhe a lucidez:

> Foi em Teerã que, pela primeira vez, me dei conta de que éramos uma nação tão pequena. Eu estava lá, sentado; à esquerda, o grande urso russo, de patas esticadas e, à direita, o grande búfalo americano. Entre os dois estava o pobre burrico inglês, que era o único – o único dos três – a conhecer o caminho correto.[5]

Churchill compreende que retornou o tempo em que ele terá razão sem ser ouvido. É também por isso que defenderá o lugar da França na Europa, a fim de equilibrar o jogo das forças atuantes.

Inverno de 1944: a Itália é reconquistada lenta e penosamente. Os Aliados, ainda por cima, deixaram Mussolini escapar, libertado pelos alemães e colocado no Norte, à frente da República Social Italiana (ou República de Saló). A guerra civil dilacera o país, e só em junho Roma é conquistada (operação Diadem); em 4 de agosto Florença é libertada. Na Rússia, Leningrado não caiu, e os alemães refluem, abandonando a Ucrânia e a Crimeia, onde ocorrerá a próxima conferência entre os Aliados. Na Europa, as cidades alemãs de Hamburgo e Berlim são devastadas pelos bombardeios. Os preparativos do desembarque avançam com menos rapidez do que gostariam alguns dos Aliados, mas Churchill não quer deixar nada por conta do acaso. Está cada vez mais angustiado pelas terríveis consequências de um fracasso que lhe seria exclusivamente imputado. O comando supremo é confiado ao general Eisenhower, e o assalto será conduzido pelo herói da batalha de El Alamein, Montgomery. O primeiro-ministro está de prontidão e, como de costume, preocupa-se com tudo. Para garantir o sucesso do desembarque dos homens e das toneladas de material, mandou preparar "portos artificiais" (batizados do Mulberry Harbours), que ele já havia idealizado em maio de 1942. Trata-se de grandes plataformas formadas por caixas de cimento flutuante, em que cabem até 7 mil toneladas de material. O investimento previsto é titânico: 4 mil navios foram reunidos nos portos da costa sul no maior segredo. Os ingleses garantem quatro quintos da frota mobilizada pela Overlord. Churchill lembra-se em suas *Memórias* de uma "cidade de navios, alinhada ao longo de oitenta quilômetros".[6] Está prevista a cooperação com a resistência francesa, que, ouvindo as mensagens da BBC, entendeu que se preparava alguma coisa de grande envergadura. Contudo, o general De Gaulle só foi avisado dois dias antes. Ao que tudo indica, Churchill gostaria que as Forças da França Livre estivessem mais associadas às operações de libertação de seu país, mas Roosevelt continua sendo hostil e reluta sempre que se trata do general francês. Apesar disso, o primeiro-ministro obtém de Eisenhower que a divisão blindada comandada por Leclerc seja transportada do Norte da África para a Inglaterra, a fim de ser integrada no exército aliado. Mais uma vez é sobre Churchill que recai a ira do chefe da França Livre: recebido pelo britânico, De Gaulle ironiza, perguntando se Eisenhower colocará a França liberta sob sua autoridade. Churchill perde a paciência ao ser posto contra a parede: "Que fique bem claro! Toda vez que tivermos de decidir entre a Europa e o mar aberto, sempre escolheremos o mar aberto. Toda vez que eu tiver de decidir entre o senhor e Roosevelt, sempre escolherei Roosevelt".[7] Mais tarde, Churchill reconhecerá que, embora nunca tenha proferido a frase sobre a cruz de Lorena ser a mais pesada de carregar, gostaria muito que ela fosse sua, a tal ponto era verdadeira.*

Por ora, a tensão é máxima: os Aliados realizaram raides sobre a França, para danificar ou destruir as vias de comunicação e entravar a chegada dos reforços alemães. A operação, prevista inicialmente para 1º de junho e, depois, para o dia 5, é afinal desencadeada na noite de 5 para 6. Na véspera, Churchill tenta se aproximar o máximo possível das

* Durante a Segunda Guerra, a cruz de Lorena foi usada como símbolo da França Livre. Mais tarde, continuou como símbolo do gaullismo. Churchill teria proferido a seguinte frase: "A cruz mais pesada que preciso carregar é a cruz de Lorena". (N.T.)

costas: manda estacionar o trem especialmente adaptado para ele na estação de Portsmouth. Está preocupado e confidencia à esposa: "Você percebe que, quando acordar amanhã de manhã, 20 mil homens terão sido mortos?".[8] No dia seguinte, depois dos bombardeios maciços da aviação, ingleses e americanos lançam-se ao assalto das praias da Normandia e enfrentam os exércitos de Rommel. Ao meio-dia, Churchill, que continua sendo um grande encenador, quando não pode ser ator no teatro de operações, vai à Câmara dos Comuns e anuncia aos deputados que o desembarque começou. A emoção é máxima e decorre em grande parte do discurso do primeiro-ministro, grave, sóbrio e grandioso, como só ele sabe ser nas horas históricas:

> Também devo anunciar à Câmara que, durante a noite e nas primeiras horas desta manhã, ocorreu a primeira série de desembarques de grande contingente no continente europeu. Neste caso, o assalto libertador incidiu na costa da França. Uma imensa armada de mais de 4 mil navios, com vários milhares de embarcações menores, atravessou o Canal da Mancha. Desembarques maciços de tropas aerotransportadas foram realizados com sucesso atrás das linhas inimigas e, neste momento, prosseguem desembarques em diversos pontos das praias. O fogo das baterias costeiras foi, em grande parte, silenciado. Os obstáculos construídos no mar não se mostraram tão difíceis quanto se temia. Os aliados anglo-americanos estão sendo respaldados por 11 mil aviões de primeira linha, aos quais se pode recorrer na medida da necessidade da batalha. Evidentemente,

> não posso me comprometer a dar detalhes mais precisos. Estão chegando relatórios em rápida sucessão. Até agora, os comandantes em ação relatam que tudo está transcorrendo de acordo com o planejado. E que plano! Essa imensa operação é, sem dúvida, a mais complicada e difícil que já foi realizada.[9]

Ainda na véspera, Churchill punha tudo em jogo nessa operação: carreira, destino na História. Era preciso controlar tudo, e ele previu tudo.

Mais tarde, no fim do dia, ele volta para dar notícias aos deputados: está feliz com os primeiros sucessos. As tropas aliadas tomaram posição, e os paraquedistas atuaram com precisão extrema. Tudo correu muitíssimo bem graças à perfeita coordenação dos parceiros da aliança. Cherbourg logo é ocupada; depois, Caen em 9 de julho. Em meados de agosto, a Normandia é libertada; também Dreux, Chartres, Bretanha, Loire. Paralelamente, a operação Anvill, rebatizada Dragoon, é desencadeada em 15 de agosto na Provença. Os Aliados progridem na Toscana, logo ocupam a Riviera Francesa e o vale do Ródano. Em 20 de agosto, o exército do general Patton atravessa o Sena e, a pedido de De Gaulle, apoiado por Churchill, deixa-se a divisão blindada de Leclerc entrar em primeiro lugar na capital. Em 25 de agosto, De Gaulle desce a avenida Champs-Élysées enquanto os combates continuam em Paris. Churchill e Stalin desejariam reconhecer imediatamente o Comitê de Libertação Nacional, mas, diante das repetidas recusas de Roosevelt, isso só se realizará em 24 de outubro.

No entanto, embora o avanço seja fulgurante e pareça estar soando o fim do Reich, ainda há muitos obstáculos para superar. Em junho, pouco após a deflagração da operação Overlord, a Inglaterra sofre bombardeios cuja violência será equivalente à da *Blitzkrieg* do inverno de 1940. Desde 13 de junho, Hitler tem enviado os V1 e V2 a Londres. Essas armas secretas são pequenos aviões sem piloto que carregam uma tonelada de explosivos. Hitler põe para desfilar setenta por dia acima da capital, durante dez longas semanas. Londres está de novo sob fogo cerrado, mas dessa vez os estragos são maiores, pois as bombas explosivas abrem enormes crateras. Os bombardeios farão 8 mil mortos e 23 mil feridos. Mais tarde, os V2 são ainda mais terríveis: esses foguetes que voam a 5 mil quilômetros por hora a mais de sessenta quilômetros de altitude são difíceis de detectar, e suas bombas abrem crateras de quinze metros de diâmetro por três de profundidade. O saldo é pesado: 2,7 mil mortos e 6 mil feridos. Os ingleses sentem profundamente o golpe: esperando impacientes o fim da guerra, falta-lhes a força moral de 1940, e seu dirigente carismático se ausenta com frequência para suas numerosas missões diplomáticas. Às vezes, eles têm a sensação de que ele já não os apoia o suficiente. O fim da provação chega, enfim, quando os britânicos ocupam Somme, onde se encontram as rampas de lançamento inimigas.

Mas Churchill tem outras fontes de apreensão: a situação na Europa é mais que preocupante. No Leste, Stalin está devorando todos os países que liberta, e os americanos não parecem perceber! Os países bálticos, Bulgária, Iugoslávia estão caindo em seu poder. E Stalin está de olho na Grécia e na Polônia. Além disso, mais a oeste, o avanço aliado se tornou lento: o norte da França e Bruxelas estão libertas desde o início do mês de setembro. Logo depois vieram a

Bélgica e Luxemburgo, mas em Ardenas e na Alemanha os exércitos anglo-americanos têm de enfrentar a raiva dos quase vencidos. Em janeiro de 1945, Churchill acaba por falar em "revés estratégico". É a justificativa que ele adianta para bombardear Dresden em fevereiro: 1,3 mil bombardeiros, 3,9 mil toneladas de bombas, pelo menos 25 mil mortos e nenhuma parede em pé após a passagem da RAF. Era preciso desferir um golpe nos nazistas, impressionar os russos, vingar a revelação do Holocausto... Há várias razões para explicar um ato de guerra, mas esse não é o mais glorioso de Churchill.

Do lado da diplomacia, Churchill acha amargo demais o cálice que é obrigado a beber. Em Québec, onde se encontrou com Roosevelt, percebeu que precisaria desmantelar o Império. Em Moscou, onde se reencontra com Stalin, durante uma longa semana de outubro, a Europa é lastimavelmente retalhada pelos dois dirigentes. Churchill terá acreditado que poderia se defender sozinho do ogro soviético? Dá calafrios a narrativa dessa conversa, em que o primeiro-ministro entrega ao russo um papel no qual especificou, em porcentagens, as zonas de influência dos Aliados na Europa. Na Romênia, a relação entre a URSS e as forças aliadas será de 90% para a URSS e de 10% para as forças aliadas. O mesmo para a Bulgária. Na Grécia, a relação será inversa: 90% para a Grã-Bretanha e 10% para a URSS. Quanto à Iugoslávia e à Hungria, a repartição será a seguinte: 50% para a URSS e 50% para os três aliados. Stalin sorri satisfeito. Churchill também: finalmente é possível se entender. Depois hesita, pensa que talvez seja bom queimar aquele papelucho que, pela primeira vez, terá valor para Stalin. O Bolshoi, o álcool e o caviar poderão explicar tanta ingenuidade e cinismo?

Churchill terá realmente acreditado que se pode avaliar em porcentagem uma "influência"? Tarde demais! A guerra será fria, e a desonra baterá à porta do número 10 da Downing Street. Churchill não é daqueles que se detêm em seus erros e ainda não teve tempo para duvidar. No entanto, o episódio da revolta do gueto de Varsóvia, em agosto de 1944, deveria ter-lhe servido de lição. Enquanto Varsóvia se revolta contra os nazistas e pede socorro aos Aliados, enquanto Churchill não poupa esforços junto aos americanos para pedir a rápida intervenção de Stalin, cujas tropas estão próximas, Roosevelt faz ouvidos moucos, e o ditador russo abandona os insurgentes aos nazistas, que os massacrarão. Stalin mandou suas tropas esperarem pacientemente quase às portas da cidade e entrará quando ela já estiver exaurida. Para Stalin, nem todos os resistentes eram bons comunistas: era preciso fazer uma seleção, e os nazistas a fizeram... Amante da história, Churchill deveria extrair daí todas as lições: ele também está fazendo uma dolorosa seleção.

Após seu retorno a Londres, em 10 de novembro ele é convidado pelo governo do general De Gaulle a ir a Paris. Os dois homens, aparentemente reconciliados, descem a avenida Champs-Élysées sob a aclamação da multidão. Churchill, de olhos marejados pela emoção, faz seu famoso sinal de vitória em várias ocasiões. Em sua mente, Moscou está bem longe. Ele vai para a Alsácia, onde as tropas acabam de lançar uma ofensiva para libertar Estrasburgo. Moscou, porém, não está tão longe, e o papel – queimado? – tem cheiro de remorso. Na Grécia, a revolta fomentada pelos resistentes comunistas ameaça levar o país para a zona de influência de Stalin. Churchill, portanto, defenderá seus 90% com agressividade.

Entre outubro e dezembro de 1944, ordena a suas tropas que não tenham piedade: "Não hesitem em se comportar como se estivessem numa cidade conquistada". Churchill tenta levar de volta ao trono o rei da Grécia exilado na Inglaterra, mas este se recusa. Por isso, em seu lugar ele põe uma regência. Em 11 de janeiro de 1945, é assinado um armistício. A Grécia não será comunista. Apesar disso, as ordens e os métodos são chocantes, e Churchill, pressionado na Câmara, é obrigado a pedir um voto de confiança. O que mais ele poderia fazer? A URSS invade tudo, dita sua vontade ao mundo livre, Stalin exige também que o próximo encontro ocorra em território russo, em Ialta, na Crimeia. Antes de partir, Churchill tem o pressentimento de que esse novo combate está perdido de antemão.

O cenário é suntuoso: Stalin recebe os convidados em antigas mansões czaristas, dotadas de bom conforto, e faz de tudo para seduzi-los, oferecendo uma culinária refinada. Todos comerão bem em Ialta, e Stalin tem muito apetite. Churchill está sombrio: a reunião preparatória, feita com Roosevelt, não deu resultado. Eles se apresentam ao russo sem coordenação prévia. O presidente americano só pensa na guerra contra o Japão e seu objetivo é convencer a URSS a entrar no conflito. Além disso, está doente e frequentemente perde o interesse pelas discussões. Stalin, por sua vez, tem saúde de ferro: entendeu que conseguiria tudo se prometesse agir contra o Japão nos três meses seguintes à rendição da Alemanha. O ogro não se submete a um menu: quer escolher *à la carte*. Manchúria, Mongólia, ilhas Curilhas, uma fração de Sacalina e… a Polônia fazem parte das iguarias que ele reivindica. No que se refere à Alemanha, ele não entende por que a França teria uma zona de ocupação, uma vez que não tem lugar, segundo ele, no conselho de controle de Berlim. Nessa altura, Churchill protesta, pois sabe que o que está em jogo é todo o equilíbrio europeu. Insiste, muito, durante muito tempo. Cansado de discussão, Roosevelt lhe dá razão contra Stalin "por bondade": a França estará presente. Mas, para o primeiro-ministro inglês, a humilhação é dura de engolir. No entanto, o pior está por vir. Trata-se agora de decidir a sorte da Polônia. Ela será dividida em duas partes e se prepara para tornar-se um satélite da URSS. Churchill acabará entregando os pontos, covardemente, impotente, mas incapaz de reconhecer esse fato quando explicar com veemência aos representantes poloneses em Londres que precisam se calar. Mas que ironia! Considerando que as grandes potências tinham entrado a contragosto na guerra para salvar a Polônia, eis que agora os Estados Unidos e a Inglaterra lamentavelmente a oferecem a Stalin. A derrota, assim, é quase completa no começo do fim da Segunda Guerra Mundial. Só falta conceder a Stalin um direito de veto no Conselho de Segurança da ONU para o naufrágio ser total. Xeque-mate.

Os três homens nunca mais serão vistos juntos. Já bastante enfraquecido, Roosevelt morre em 12 de abril de 1945. Churchill chora um amigo e lhe presta homenagem: "Com Franklin Roosevelt desapareceu o amigo americano mais maravilhoso que já conhecemos, assim como o maior defensor da liberdade que já trouxe ajuda e apoio do novo ao velho mundo".[10] No front, acumulam-se vitórias: o Reno é libertado. De 12 a 30 de abril, Holanda, Áustria, Praga. Nesse mesmo mês, Mussolini cai e é executado. As *Memórias de guerra* não são nada críticas a seu respeito: Churchill parece ter lamentado até o final que o Duce tenha feito a má escolha e lembra que os Aliados o teriam acolhido em seu campo. Franco terá o benefício da mesma indulgência. Em 30 de abril, Hitler se suicida. Em 2 de maio, Eisenhower, para desespero de Churchill, concede aos russos a honra de entrar em Berlim. No dia 3, os ingleses estão em Hamburgo; no dia 6, os exércitos do Reich se rendem. É o fim da guerra na Europa em 8 de maio de 1945.

Londres está em júbilo. Churchill venceu! Ele vai para a rua, os londrinos o chamam e o abençoam! Winnie ganhou! Churchill senta-se no teto de seu carro e recebe o imenso clamor, eleva dois dedos em sinal de vitória. Teve razão contra todos. Ninguém poderá roubar-lhe essa alegria, essa glória. Na Câmara dos Lordes, os deputados o esperam em pé: ele triunfa com modéstia. Logo todos conhecerão a carnificina mundial, começa-se a ter a dimensão do Holocausto, do horror. Além disso, a guerra não terminou na Ásia.

> Há cinco anos eu previ possíveis provações: os senhores não esmoreceram. Eu seria indigno de vossa confiança e magnanimidade se, ainda agora, não clamasse: avante, continuai resolutos, inabaláveis, indomáveis, até que toda a tarefa esteja cumprida e a segurança e a honestidade reinem no universo inteiro![11]

Winnie poderia descansar, mas isso ele só sabe fazer forçado, e essa hora ainda não chegou. Depois da vitória, é o retorno às negociações e à inevitável derrota diante da URSS. A Polônia é entregue a seu triste destino. Em 4 de junho, os Aliados reconhecem o governo de Varsóvia, que está sob a "proteção" de Stalin: os 45 mil poloneses no exílio se sentem traídos. O que Churchill poderia fazer? Os americanos mandam e desmandam com seu dinheiro na Europa. Pelo menos, poderiam evitar justificativas ruidosas, pois não ignoram as violações, as deportações e os massacres infligidos aos países dominados pela URSS.

Uma vez mais, nem pensar em perder tempo. A tempestade ameaça de novo e dessa vez é política. O ministério de coalizão por ele dirigido racha com a saída dos trabalhistas em 21 de maio de 1945. Estão previstas eleições (as primeiras em dez anos). Churchill acha que sua vitória está garantida, e é compreensível. Uma campanha feita com base apenas em seu nome deveria bastar para ganhar os sufrágios. Ele se lança de novo na batalha política em Londres e em todo o reino. Não percebe que a Inglaterra mudou e, para ela, ele é um velho que precisa de repouso. Não toma conhecimento do programa social dos trabalhistas, diretamente inspirado no relatório redigido por William Beveridge, publicado em 1942. Ignora a demanda por reformas, continua sendo o que sempre foi: um conservador, um combatente. Acontece que a Inglaterra não quer mais guerra. Em 5 de julho, ela vota, e é preciso esperar três semanas para computar todos os resultados. Churchill viaja para se divertir em Hendaye, vai a Potsdam, onde visita o *bunker* de Hitler, toma um banho na banheira de ouro de Goering e se horroriza com a destruição sofrida pela Alemanha. Ao longo dos oito dias, entre 17 e 25 de julho, luta milímetro a milímetro para limitar o apetite soviético durante a nova conferência que reúne Truman, sucessor de Roosevelt, e Stalin, que faz muitas cobranças e reivindica reparações exorbitantes e colônias. Truman o tranquiliza um pouco: no dia 18, dá informações sobre o sucesso do primeiro teste da bomba atômica no Novo México. Provavelmente será usada contra o Japão dentro em pouco. Em 25 de julho, todos brindam a futura vitória do velho leão. Stalin prediz oitenta assentos. Mau sinal.

Em 26 julho, saem os resultados. É um tremendo golpe. Dos 25 milhões de votos, ele recebeu apenas 10 milhões; 198 assentos para os conservadores e 394 para os trabalhistas. Churchill renuncia no mesmo dia, mas conserva o cargo de deputado. Nem pensar em aposentadoria. Ele não disse tudo, não fez tudo, não deu tudo. O mundo ainda precisa dele, e a guerra não terminou.

Novos combates

Profundamente abatido, Churchill é obrigado a começar de novo uma nova vida, sem de fato desistir de voltar ao protagonismo. Portanto, sai do número 10 da Downing Street e se instala numa casa ampla da Hyde Park Gate, 28, no bairro de South Kensington. É de lá que passa a seguir o ritmo palpitante do mundo, que continua avançando sem que ele desempenhe o papel principal.

Em casa, é pouco dizer que o ambiente é triste e sombrio. Ele envelheceu: os retratos da época o mostram mais gordo e com expressão às vezes ausente. Mas, na maioria das vezes, o olhar está vivo, o sorriso, irônico sem ser maldoso e, sobretudo, o tom é elevado e impertinente. Sua saúde foi submetida a duras provas durante os cinco anos de guerra: sofreu ataques e os superou graças aos remédios miraculosos de seu médico e à sua vontade férrea. No entanto, fica logo sem fôlego e tem sempre a preocupação de ser fulminado por um ataque cardíaco. Mas, considerando-se a idade e seu estilo de vida pouco prudente (ele dorme pouco, fuma muito, bebe enormes quantidades de álcool e não pratica mais nenhum esporte), pode-se concluir que até vai bem! Mas está infeliz, e só isso já poderia matá-lo ou pelo menos acelerar seu declínio. Seu sentimento é de que poderia ser mais útil fora de casa.

Acha que seus sucessores não estão, evidentemente, à altura da situação. Talvez, com essa pausa forçada, também esteja sendo obrigado a fazer alguns balanços existenciais que nem sempre o alegram. Se deu tanto à Inglaterra e ao mundo, sem dúvida foi à custa de alguns sacrifícios familiares. Sua mulher é feliz? Nesse momento, ela se angustia por causa dele, mas, quando o marido está bem, o excesso de energia dele a deixa cansada e às vezes ríspida e nervosa. E seus filhos, que ele ama bem mais que a seus próprios pais, será que alguma vez o amaram? O destino deles não o satisfez de fato e, mesmo não sendo culpado por isso, ele acha que talvez não tenha feito o suficiente. Por experiência própria, sabe como é difícil crescer à sombra de um gigante.

Diana, a mais velha (1909-1963) é uma mulher deprimida, depois de ter sido uma criança tímida. Em conflito com a mãe, saiu de casa para se casar com um filho de milionário, que a torna muito infeliz e do qual ela acaba por se divorciar. Internada várias vezes em hospital psiquiátrico, morrerá antes do pai. Randolph (1911-1969) é o único filho homem de Winston. Decepcionou o pai bem mais que Diana, por ser inteiramente responsável por seus próprios fracassos. De caráter colérico e pretensioso, Randolph acumula todos os "defeitos" do pai, sem ter suas qualidades: bebe, joga, malogra na carreira política. Bêbado, um dia será expulso dos aposentos do pai por ter batido na irmã e insultado a mãe. Durante a guerra, trabalha como jornalista e dá início à biografia oficial do pai, cujos dois primeiros volumes redigiu. Sarah (1914-1982) é exatamente o contrário da irmã mais velha: alegre, cordial, sociável. "A mula", como é apelidada pelo pai, sonha ser atriz. Em 1935, torna-se cantora numa comédia musical e casa-se com o ator principal depois de fugir com ele para os Estados Unidos, contrariando a vontade dos pais. Acaba por voltar a Londres, divorcia-se e trabalha como fotógrafa na Women's Auxiliary Air Force durante a guerra. Casa-se de novo em 1949 com um fotógrafo e depois se divorcia outra vez. Será detida várias vezes por alcoolismo em via pública e até ficará algum tempo presa. Apesar de promissora, foi de uma desilusão a outra. Somente Mary, nascida em 1922, parece ter escapado à pesada herança de ter um grande homem como pai. Estuda, na guerra alista-se no Auxiliary Territorial Service, no qual fica conhecendo seu futuro marido, o capitão Christopher Soames, que terá a felicidade de agradar ao imenso sogro. Fará carreira diplomática e breve carreira política. Criança amada pelos pais, Mary lhes proporciona satisfação e a alegria de lhes dar netos.

Mas a vida em família não poderia ocupar aquele que teve nas mãos as rédeas da Grã-Bretanha. Em torno de Churchill, o mundo evolui, e a História continua sua louca corrida. Ele se enfurece por ser apenas espectador. Em 6 e 9 de agosto, Truman deu ordem de explodir duas bombas atômicas sobre Hiroshima e Nagasaki. O Japão capitula; é o fim da guerra. Churchill só pode se alegrar com isso, mas gostaria de fazer mais. Na qualidade de líder da oposição (ele se tornou líder do Partido Conservador), tem, apesar de tudo, de desempenhar funções e exercer o poder. Mas, mesmo dentro de seu partido, tem poucas coisas em comum com os novos quadros jovens que esperam sua hora. Narcisista (lorde Moran conta que ele passa horas dissecando os jornais para ver se falam dele), não tem o hábito de trabalhar em equipe, e ninguém ganha eleições sozinho. Seu humor, lendário, às vezes carece de leveza, quando ele desfecha ataques pessoais contra homens com os quais governou durante cinco anos. Por exemplo, Attlee, que se tornou primeiro-ministro no lugar dele, é alvo de uma maldade sem dúvida espirituosa, mas afinal gratuita. "É um homem modesto que tem muitos motivos para ser modesto." Ou então: "Um verme alimentado com geleia real vai se achar abelha-rainha". E, por fim: "Um táxi vazio chegou à Downing Street nº 10 e, quando a porta se abriu, saltou o sr. Attlee".[1] Pode-se imaginar que Churchill irrite e canse às vezes. Era tido como uma pessoa mais educada e menos agressiva (pouco antes das eleições, ele estabelecera um elo entre a Gestapo e os trabalhistas, desencadeando a indignação geral). Mas, acima de tudo, trata-se de um homem marcado pelo rótulo da tradição e da reação. No prazo de cinco anos, 7,5 bilhões de libras esterlinas foram gastos na guerra, a Inglaterra endividou-se drasticamente, e a revogação da lei do empréstimo-arrendamento em novembro de 1945 não melhora sua situação, obrigando-a a pagar suas matérias-primas; a economia está no vermelho, ela perdeu 365 mil homens, mulheres e crianças no conflito, ainda vive em regime de racionamento alimentício e têxtil e precisa limitar o consumo de carvão e gasolina. Os aristocratas e os mais ricos são pesadamente tributados, renunciaram à vida luxuosa, às festas e aos prazeres supérfluos. Churchill, se conserva o alto nível de vida, é graças ao sucesso de seus livros, que compensa os impostos e o não recebimento da remuneração de ex-primeiro-ministro e de líder do Partido Conservador, que ele recusou por solidariedade com o povo britânico. A Inglaterra, portanto, tornou-se uma potência média, esmagada pelos Estados Unidos e pela Rússia. Adeus, esplendor do Império: a independência da Índia é concedida em 15 de agosto de 1947. Em seguida virão o Paquistão e a maioria das colônias da África negra. É possível imaginar a perturbação de Churchill ao assistir ao desaparecimento do mundo que conheceu e pelo qual sempre lutou. Não é de espantar que ele agite o espectro da decadência em sua retórica, mas isso agora faz menos sucesso.

Para matar o tédio, Churchill viaja (Itália, Mônaco, Paris) e coleciona títulos de doutor *honoris causa*, o que lhe dá a oportunidade de exibir os magníficos trajes de gala que sempre apreciou. Mas dois grandes projetos monopolizam sua mente e seus discursos entusiastas. O primeiro se refere às relações internacionais e à paz que no momento é preciso consolidar. Ainda que não tenha a estatura de um primeiro-ministro, já a teve e sabe que sua personalidade e suas relações ainda contam no jogo diplomático, mesmo com o risco de, uma vez mais, perturbar seu bom andamento. Embora não tenha perdido todas as ilusões em relação a Stalin, sabe que, em primeiro lugar, é preciso barrar seu caminho. Por isso, emprega todos os meios para lutar contra o avanço da URSS na Europa. Em 28 de fevereiro de 1948, ao ser convidado por Truman, profere o discurso em que fala da cortina de ferro no Westminster College de Fulton:

> De Estetino, no Báltico, até Trieste, no Adriático, desceu uma cortina de ferro, atravessando o continente. Por trás dessa linha estão todas as capitais de todos os países da Europa Oriental: Varsóvia, Berlim, Praga, Viena, Budapeste, Belgrado, Bucareste e Sófia, todas essas famosas cidades e as populações ao seu redor

> estão naquilo que devo chamar de esfera soviética, todas submetidas, de uma forma ou outra, não só à influência soviética, mas, em muitos casos, ao forte e crescente controle de Moscou. Só Atenas – a Grécia, com sua glória imortal – está livre para decidir seu futuro por meio de eleições, sob a observação britânica, americana e francesa.[2]

Nesse dia Churchill confere nova repercussão à expressão "cortina de ferro". Ela ilumina o presente, mas também o futuro das democracias da Europa Central. O discurso, apesar de lúcido, não é apreciado: a insistência de Churchill na singularidade da relação anglo-americana foi interpretada como uma contestação ou como a vontade de atenuar a ação coletiva da ONU recém-criada. Mas como lutar contra a influência crescente da URSS na Europa se o equilíbrio entre as grandes nações que a compõem não está restabelecido? Fiel à vontade de manter forças iguais no continente, Churchill preconiza a reconciliação entre França e Alemanha e a reintegração desta no concerto das nações. A Europa é a única saída para evitar a nova guerra que ameaça:

> [Essa era de trevas] pode voltar. No entanto, há um remédio que, se adotado de modo geral e espontâneo pela grande maioria dos povos em muitos lugares, transformaria todo o cenário como que por milagre e, em poucos anos, tornaria toda a Europa, ou grande parte dela, tão livre e feliz quanto é hoje a Suíça. Qual é esse remédio soberano? É a recriação da família europeia, ou o máximo possível dela, estruturando-a de

tal forma que ela possa coexistir em paz, segurança e liberdade.

Citando Victor Hugo, expressa sua aspiração pela formação dos "Estados Unidos da Europa":

> [...] precisamos recriar a família europeia numa estrutura regional chamada, por exemplo, *Estados Unidos da Europa*, e o primeiro passo prático será a formação de um Conselho da Europa [...]. Nesse trabalho urgente, a França e a Alemanha precisarão assumir a liderança juntas.[3]

Contudo, o lugar da Inglaterra nesse imenso agregado de nações continua singular e definitivamente atlantista. Fervoroso defensor do projeto europeu, Churchill hesita em nele incluir plenamente o seu país.

Sua outra grande empreitada continua sendo a escrita, que assume novo rumo com a redação de *Uma história dos povos de língua inglesa*, mas principalmente com a imensa súmula da *Segunda Guerra Mundial*, podendo-se acreditar que, por si só, ela justifica a atribuição do prêmio Nobel de Literatura em 1953. Seis volumes são publicados entre 1948 e 1954: é uma aventura incrível e coletiva. Churchill dispõe de uma massa enorme de documentos, alguns dos quais, extraídos dos arquivos governamentais, tornaram-se públicos bem antes do prazo autorizado. Foram coligidos por uma grande equipe de especialistas, historiadores, amigos e testemunhas. Ele os seleciona, recorta, organiza. Em seguida, dita um texto a secretários, depois o relê, remaneja e, eventualmente, ameniza, quando os homens que ele põe em cena se tornaram mais importantes e não devem ser ofendidos. É assim que Eisenhower, tornando-se entrementes presidente dos Estados Unidos, recebe uma atenção muito especial! O sucesso é fenomenal: 250 mil exemplares só do primeiro volume vendidos na Inglaterra. Churchill faz fortuna: aos setenta anos, depois de ter sido jornalista, soldado, ministro, deputado, pintor… é autor de um best-seller!

Mas como isso lhe bastaria? Ele não poderia se contentar a assistir mudo ou impotente, de sua banheira ou dos primeiros camarotes, ao grande teatro do mundo. Ele precisa voltar à ribalta!

Retorno à atividade

A cada discurso, a cada conferência, mesmo na Câmara dos Comuns, Churchill não ignora sua popularidade. Com isso, fica radiante: sente que está próxima a hora em que poderá voltar à atividade. As eleições estão previstas para 23 de fevereiro de 1950. Acontece que, no final de 1949, o velho leão sofreu um preocupante acidente vascular cerebral, e todos, ao redor dele, temeram não só sua impossibilidade de fazer campanha como também, principalmente, sua possível morte. O próprio Churchill não está tranquilo. Mas, passado o alarme, o desafio o transcende. Ele já não tem muito tempo para se demorar em problemas de saúde: a máquina deve, precisa funcionar, a eleição está chegando. Como voltar a ser primeiro-ministro se ele não se segurar em pé?

No entanto, a reconquista exige paciência, o que está longe de ser sua principal qualidade, mesmo nessa idade. A doença não é o único obstáculo a superar. Churchill, portanto, se candidata cercado pelos genros e pelo filho. Eles são eleitos (exceto Randolph...), mas o Partido Trabalhista ainda é majoritário na Câmara. É preciso esperar. Isso dá tempo a Winston de se restabelecer plenamente e de empunhar armas bem afiadas contra o pobre Attlee, que teima em lhe barrar o caminho e aguentará até outubro do ano seguinte, quando estão previstas novas eleições. Durante essa campanha, ninguém dá colher de chá: os conservadores acusam os trabalhistas de organizar "a igualdade na miséria", e estes encontraram slogans que acertam na mosca: "Melhor todo o petróleo do Irã do que as lágrimas de uma mãe... Vote em Attlee e você vai morrer na cama; vote em Churchill e vai pegar o seu fuzil". A participação atinge um nível excepcional e, dessa vez, os conservadores vencem. Attlee renuncia, e Churchill é nomeado primeiro-ministro pelo rei aos 76 anos.

Ele forma um governo em que a velha guarda (Ismay na gestão da Commonwealth; Macmillan, Interior; Alexander, Defesa; e, claro, Eden nas Relações Exteriores) convive com gente nova, como Butler, que fica com o Tesouro. Todos são pragmáticos, moderados e apagados ou diplomáticos o suficiente para desempenharem suas funções sem entrar em conflito com seu invasivo chefe de governo. No poder, Churchill dificilmente pode realizar uma revolução na política interna. Não modifica muita coisa e continua sendo o que sempre foi. Com o tempo, seus defeitos se radicalizam, e suas qualidades sobressaem menos. Política nunca foi sua paixão: agora ele a deixa a cargo dos respectivos ministros, que avançam com prudência, sem questionarem de fato o que foi feito antes. A desnacionalização ocorre sem convicção e com lentidão; as indispensáveis políticas sociais prosseguem, sem que se conteste o *welfare state* (Estado do bem-estar social). A única real mudança consiste na eliminação do racionamento, compensado de imediato pela eliminação dos subsídios alimentares. Populista, Churchill reduz os gastos ministeriais e militares: pode-se confiar que ele vai comunicar a todos os ingleses que reduziu o salário dos ministros em 20%, e o seu em um terço. Eis aí algo que deixa satisfeito o cidadão inglês. Churchill e equipe são eficientes, populares até certo ponto, mas não revolucionários.

O primeiro-ministro tem outros centros de interesse, e seu ministro das Relações Exteriores tem grande dificuldade para cerceá-lo. Churchill quer ter domínio exclusivo de certas áreas. Defesa e política exterior são assuntos dele: que fique bem claro!

Infelizmente, seu campo de atividade reduziu-se e ampliou-se tremendamente, ao mesmo tempo. Como defender uma política militar quem se fez arauto da paz na Europa e na ONU? Isso ainda é concebível: existe a OTAN, e só com dissuasão se conserva a paz em tempos de guerra fria. Churchill, portanto, aumentará o efetivo do exército e continuará o programa de pesquisa da bomba atômica com a ajuda dos Estados Unidos. Em compensação, é bem mais difícil defender o Império quando Índia, Egito e Palestina se tornaram ou estão se tornando independentes. Churchill navega sem roteiro definido nesse campo, delicado para ele. Quando não pode agir de outra maneira, concede um governo autônomo a uns (Gana, Nigéria), tenta manter os interesses econômicos da Inglaterra por meio de parcerias privilegiadas (petróleo iraniano, canal de Suez no Egito) ou vale-se do subterfúgio da federação de países (Rodésia do Norte e do Sul). Por outro lado, quando acha que ainda pode prevalecer, não hesita em empregar a força (reprime a revolta dos Mau-Mau no Quênia) ou em recorrer a ameaças (com a Argentina, na questão das ilhas Falkland ou Malvinas). Querendo ou não, Churchill na realidade acerta as contas do Império e conclui seu desmantelamento, iniciado antes da guerra. Os conservadores mais radicais nunca o perdoarão.

Sobra-lhe seu grande interesse: atuar como árbitro entre os dois grandes do mundo pós-guerra e distensionar, se possível, as relações tão tensas que a cada instante expõem ao risco da Terceira Guerra Mundial. Churchill faz várias viagens aos Estados Unidos e recorre a Truman em muitas ocasiões (crise de Suez, cooperação atômica, em especial). Em vão: embora sua permanência em janeiro de 1952 seja um sucesso midiático notável, no fundo ele obtém muito pouco do presidente. Entrevistas, conferências, discursos e paradas, Churchill é solicitado, fotografado, tratado como herói, como se sabe tão bem fazer nos Estados Unidos, mas... precisa desistir de exercer qualquer influência e até mesmo de ser ouvido. E a eleição de Eisenhower em novembro de 1952, que durante algum tempo lhe dá uma esperança de mudança, deixa-o amargamente decepcionado. Churchill se desencanta e fulmina: é um "homem de estatura limitada, um general de brigada".[1] Se ficar surdo lhe é muito penoso, deixar de ser ouvido lhe é insuportável.

Será por isso que, apenas dez meses depois de voltar ao poder, ele já vai passar férias em Cap d'Ail, na Riviera Francesa? Cansaço? Angústia por ver que é o último de uma época que todo mundo desejaria esquecer? De fato, é o único sobrevivente de uma parte da História. O rei Jorge VI morreu um ano antes, em 6 de fevereiro de 1952. Sua filha Elizabeth é a sucessora: tem 26 anos. Churchill lhe oferece um belo discurso em 27 de março de 1953:

> Em nossa ilha, por meio de tentativas e erros e com perseverança secular, chegamos a uma regra muito judiciosa, que diz: "A rainha nunca se engana". Os maus conselheiros podem ser substituídos sempre que o povo quiser se valer de seu direito para isso. Uma grande batalha é perdida, o Parlamento demite o governo; uma grande batalha é ganha, a multidão aclama a rainha. Descobrimos que essa é uma doutrina preponderante e duradoura. O que vai mal desaparece com os políticos responsáveis. O que vai bem é depositado no altar do Commonwealth e do Império. Hoje saudamos, aqui, cinquenta ou sessenta Parlamentos e uma única Coroa.[2]

Como retribuição, a rainha o torna cavaleiro da Ordem da Jarreteira em 24 de abril de 1953. Essa ordem, que data do século XIV, é a mais insigne da Inglaterra, e quem tem a honra de receber essa condecoração faz parte da elite mundial. Em sua grande maioria, são nobres. A cerimônia também não perde em pompa. A rainha dirige-se a Churchill: "Ajoelhe-se, *mr.* Churchill". Depois toca o ombro dele com a lâmina de uma espada de prata e lhe diz: "Levante-se, sir Churchill". O primeiro-ministro está radiante e muito emocionado: cabe dizer que o traje da ordem é magnífico e tem tudo para lhe agradar, e ele não passará despercebido quando o usar. Casaco de veludo azul orlado de tafetá branco, manto de veludo vermelho escarlate e chapéu combinando, calça bufante de cetim branco, cordão de passamanaria dourada, chapéu encimado por uma pena branca de avestruz e uma de garça-real preta, bóton com a cruz de São Jorge vermelha sobre fundo branco bordado no casaco e, principalmente, colar da Jarreteira de ouro maciço: quando Winston chega à Câmara dos Comuns vestido assim, é acolhido por uma ovação entusiasta e cheia de respeito.

Infelizmente, ele não tem muito tempo para se alegrar com essa grande honra, nem para aproveitá-la: em 23 de junho, sofre um novo ataque que lhe deixa o lado esquerdo paralisado (da perna à mandíbula). Nada está previsto para a sua sucessão, e não se poderia pensar na renúncia, pois seu estado de saúde o impede de agir. Passam-se dois dias: Winston se recupera muito devagar, fala, volta a andar. O corpo foi afetado, mas ele não perdeu nada das faculdades intelectuais nem da vontade de dar a volta por cima. Procura-se por todos os meios esconder em público suas deficiências e sua extrema fraqueza. Nada de fotografias e entrevistas antes que ele esteja de novo perfeitamente em forma. Ficar em pé, andar e conversar são sacrifícios extenuantes. Todos ao seu redor começam a achar que ele precisa se aposentar e que já não está em condições de governar. É óbvio que ele não está nem um pouco convencido disso. E assume um desafio que, se superado, será a prova de que ainda é capaz de dirigir o país: em 10 de outubro de 1953 deve realizar-se em Margate a grande reunião dos conservadores, e ele precisa proferir um longo discurso. Se fracassar, significa que já não serve para nada e jogará a toalha. Churchill passa o verão convalescendo; reduz até o consumo de álcool, substituindo, corajosa e seriamente, uísque por Cointreau. Escreve o discurso, reflete, reescreve. Toda a sua energia é dedicada a isso. Durante esse período, os ministros governam, e Eden revela-se a todos como um político hábil e elegante. Ele gostaria de fazer mais e ter mais margem de manobra. No início de setembro, Churchill está na

Riviera Francesa: recobrou as forças, mas o esforço o deixa logo esgotado. Teme não resistir à prova do discurso. Precisará ficar em pé, falar em voz alta e clara, responder às perguntas. Lorde Moran o ajuda como pode, dando-lhe conselhos e tônicos de maior ou menor eficácia. Churchill acredita no efeito deles, e isso é o que importa. Finalmente, chega o dia D: Churchill está febril, mas, quando começa seu discurso, é empolgado por uma energia fabulosa, como de costume. Fala quase uma hora, sem dificuldade, à vontade e, por fim, com a eloquência magnífica dos grandes dias. Na assembleia, a maioria dos 4 mil delegados reunidos está extasiada, subjugada: o velho leão ainda consegue causar pasmo não pelo conteúdo das palavras (as temáticas atuais, que são a OTAN, a situação da Alemanha ou da Europa, são dominadas com maestria), mas por sua vontade titânica. Churchill ainda não acabou e demostra isso magistralmente. Conclui, não sem ironia:

> Se persisto em carregar o fardo em minha idade, não é por amor ao poder ou por apego ao cargo. Já tive ampla participação nos dois. É porque acho que posso exercer influência no campo que me importa mais que qualquer outra coisa: a construção de uma paz sólida e duradoura. Vamos então adiante com coragem e sangue-frio, com lealdade e determinação, para atingir os objetivos que nos são preciosos.[3]

Eden que se cuide: Churchill está pronto para abandonar tudo, menos as Relações Exteriores, em que ele se considera o único capaz de agir com eficácia.

Inflamado por esse sucesso, Churchill se vê por muito tempo ainda no poder e, principalmente, decide reunir de novo os Estados Unidos e a URSS em torno de uma mesa para discutir a paz. É sua obsessão, mas ninguém ao seu redor acredita nisso, e o governo pisa no freio, retardando ou adiando o encontro. Em contrapartida, no dia 1º de dezembro de 1953, ocorre a Conferência das Bermudas, que reúne França, Grã-Bretanha e Estados Unidos. Ela revela que Churchill já não pode manter esse tipo de "maratona" política no longo prazo. Eden então decola e negocia com eficiência, deixando o primeiro-ministro de lado. Um número maior de pessoas já não esconde que ele está senil e que o bom senso exigiria sua saída do cargo. Churchill resiste como pode, às vezes com humor, na maioria do tempo com uma rudeza e uma falta de diplomacia que irritam muita gente. Por exemplo, ao ouvir um deputado comentar com um colega: "Dizem que o velho está ficando um pouco passado", ele responde maliciosamente: "E dizem que o velho também está ficando surdo!".[4] Digna de nota, também, é a resposta dada a um jornalista que no dia de seu aniversário, em 1949, disse "Espero poder tirar sua foto quando o senhor fizer cem anos". Ao que Churchill replica: "Não vejo por que não poderia, rapaz. Você parece estar razoavelmente em forma e gozando de boa saúde".[5] Por fim, a um jornalista que, em 1953, lhe faz a pergunta crucial da data de sua aposentadoria da vida política, ele responde: "Não antes que eu esteja muito mal, e o Império, muito melhor".[6] No entanto, embora a lenda dourada a respeito de Churchill prefira consignar essas falas espirituosas e humorísticas, as pessoas que convivem com o primeiro-ministro dia a dia acham que fazer piadas já não cai bem. E Churchill, que está convencido de que sua missão é "acalmar a tensão mundial e pavimentar o caminho da paz e da liberdade", em várias ocasiões mostra os dentes e os punhos, quando os membros do gabinete se tornam insistentes demais ou, a seu ver, intrusivos. Churchill está convencido de que Eden não estará à altura do cargo e não pode assumir sozinho sua tarefa de ministro. Eden, por sua própria atividade de diplomata, é paciente, mas está começando a ficar contrariado por não ver reconhecido o seu excelente trabalho. Até porque Churchill, quando não pega no sono durante as sessões ou não esquece de terminar suas frases, como que perdido em pensamentos, põe-se a cometer em público graves erros, que é preciso emendar, alegando, lamentavelmente, a velhice como desculpa. Por exemplo, o primeiro-ministro afirmou na Câmara dos Comuns: "Em 1945, quando os alemães se rendiam aos milhares, enviei ao marechal Montgomery um telegrama convidando-o a estocar as armas deles, pois poderia vir a ser necessário devolvê-las aos soldados da *Wehrmacht*, caso os russos avançassem".[7] Não só nas fileiras trabalhistas, mas também nas dos conservadores, muito incomodados, reinou o espanto. Está na hora de ele ir embora.

Começa então uma longa e dolorosa novela: a da partida anunciada, cancelada, adiada do primeiro-ministro, que hesita, se zanga, brinca de gato e rato com a velhice e o governo. O homem é um monumento vivo, é difícil forçá-lo. Ora lúcido (ele se compara a um avião em final de voo, tentando aterrissar sem danos), ora brincalhão ("Não posso prever a data de minha morte, não insistam!"), Churchill acaba chegando aos oitenta anos ainda no poder. Os deputados da Câmara dos Comuns esperam que, ao festejarem com uma grande cerimônia o seu aniversário (que cai no dia da abertura dos trabalhos), ele sinta que fez e disse tudo.

Diante de seus olhos marejados e de seu sorriso afável, tiram o véu de um retrato gigantesco e desejam-lhe um maravilhoso aniversário. Em casa, é esperado por flores, presentes, mensagens do mundo inteiro. Como assim? Sair agora? Ao contrário, aquilo tudo o encoraja a permanecer no poder! Além do mais, ele ainda tem lampejos de genialidade que provocam a admiração de todos: em 1º de março de 1955, quando já faz quase um ano que anunciou sua saída e fixou, de certa forma obrigado, o prazo da partida para o mês de abril, ele faz um discurso memorável de mais de 45 minutos sobre a bomba atômica. Chega abril: Churchill tenta uma última negociação. Ocorrerá uma última reunião de cúpula com os Estados Unidos, e ele precisará estar presente, por conhecer muito bem os dossiês... Eden perde a paciência: acaso não demonstrou que pode ser um bom ministro das Relações Exteriores? Então o primeiro-ministro não tem confiança nele? Churchill cede, não sem raiva e amargura. Em 5 de abril, apresenta a renúncia à rainha, que lhe oferece um ducado por seus bons e leais serviços e talvez como magra compensação pelo que ele está perdendo e não terá nunca mais. Como sempre na adversidade, histórica ou pessoal, ele é grande, sobretudo se tiver um bom público. Sua resposta foi: "Nasci Winston Churchill, morrerei com o mesmo nome". No dia seguinte, sai do número 10 da Downing Street, que ocupou por tanto tempo: ele passa, e as pessoas choram. Dessa vez, talvez seja o fim.

Fim de jogo

Churchill apresentou a renúncia. Nunca mais será primeiro-ministro. De novo está sem poder. Acha que vai morrer.

Sobrevive. Ainda não chegou a hora. Ele continua o jogo e cumpre seu dever. *Fair play*, passa o bastão para Eden. Dirige-se aos eleitores de sua circunscrição de Woodford, na qual conta ser reeleito:

> Considerei meu dever abandonar minha função de primeiro-ministro num momento e em condições que dão àquele que a rainha designou como meu sucessor a honrosa oportunidade de ver seu mandato confirmado por todo o país. Só assim ele fará jus à autoridade necessária para resolver as numerosas dificuldades e os angustiantes problemas de nossa ilha pequena e superpovoada, ilha que pode fazer muito pela paz e pelo progresso neste mundo moderno e colossal. Temos em sir Anthony Eden, meu sucessor, um estadista de longa experiência tanto no Parlamento quanto no governo, em tempos de paz assim como em tempos de guerra, e cujo prestígio é considerável em inúmeros países, mas em nenhum lugar tanto quanto em seu próprio país. Angariando minha confiança graças à camaradagem

e à colaboração ao longo de vinte anos decisivos para a História, eu lhe passo o bastão e exorto todos os cidadãos a apoiá-lo com disposição e generosidade.[1]

Talvez nem esteja surpreso com essa enésima ressurreição, ele que conviveu tantas vezes com a morte sem a temer, ele que perdeu tudo e ganhou tudo ao sabor de acasos, lances de dados e lances de mestre. Até agora, não queria morrer porque simplesmente não era possível. Todos precisavam muito dele. Mas a Ceifeira se entremostra, ele a imagina como uma "espécie de escuridão sedosa e fresca", e ri dela: "Claro, admito que poderia me enganar. Talvez renasça como um trabalhador braçal chinês. Nesse caso, vou protestar".[2] É fácil imaginar! Lorde Moran o interroga sobre suas crenças: Churchill é bastante evasivo. Providência, sim; um Deus, não. O espírito é imortal, mas não há "vida" após a morte. Quanto à posteridade e à memória dos homens, Churchill finge não ter expectativas, mas, mesmo assim, tem algumas ideias: quer morrer na Inglaterra e organizou minuciosamente a cerimônia de seu funeral.

Por ora, gostaria, sim, de descansar. Terá dez anos para fazer isso... à sua maneira. Continua deputado e será reeleito na primavera de 1955 e em 1959. Em compensação, quase não toma mais a palavra na Câmara e reserva para os eleitores de sua circunscrição discursos e boas palavras. Sua última aparição no Parlamento se dará em 28 de julho de 1964: é votada uma moção especial para lhe manifestar a gratidão do povo britânico. Só o duque de Wellington tivera direito a tanta honra. Todo mundo chora, como em certo dia de novembro de 1958, quando o general De Gaulle o designou companheiro da Libertação. Os dois se cumprimentaram, homenagearam-se em público, e Churchill tomou a palavra, dessa vez em inglês, por consideração aos ouvidos dos presentes:

> Hoje eu lhes falarei em inglês. É verdade que muitas vezes proferi discursos em francês, mas eram tempos de guerra, e prefiro poupar-lhes as duras provas de outrora. Estou especialmente feliz por meu velho companheiro e amigo, o general De Gaulle, render-me hoje essa honra. Ele permanecerá para sempre como símbolo da alma da França e de sua firmeza inabalável diante da adversidade.[3]

Em seguida, Churchill lembrou-se da guerra, passou os soldados em revista, durante muito tempo... De Gaulle esperou com paciência. Tocou-se *God Save the Queen* e a *Marselhesa*. Disseram-se até logo para sempre. Tudo isso já era remoto nas brumas de sua mente. Ele estava radiante, e De Gaulle, estranhamente triste. Será pensando no destino do velho leão que ele afirmará que a velhice é um naufrágio?

O navio vacila, mas devagar, e há belos momentos. Clementine oferece muitos jantares, faz convites, organiza entrevistas que sempre revivificam a chama e o interesse de seu marido por tudo o que o cerca. Churchill se ocupa: lê muito, escreve, passeia pelo parque de Chartwell, ainda dirige projetos de reforma, mima animais (seus gatos e Toby, seu periquito adorado, cuja perda o deixará mudo de tristeza por uma semana), admira seus cavalos. Ainda viaja muito e passa várias temporadas em Cap d'Ail, na luxuosa mansão do magnata da imprensa, lorde Beaverbrook, ou perto de Roquebrune, na antiga mansão de Coco Chanel, comprada por seu agente literário. Toma banho de mar e se demora bastante ao sol, cochila. Joga no cassino e sempre bebe mais que o razoável, porém resiste menos ao álcool. Pinta e terá a alegria de ver seus quadros expostos na Royal Academy em 1959. Fica conhecendo Onassis, que o convida regularmente a fazer em seu iate belos cruzeiros pelo Mediterrâneo, cercado de personalidades célebres, entre as quais Tito e Maria Callas. Que mundo estranho, mesmo para um homem habituado ao luxo. Churchill tira proveito, mas não é seduzido, Clementine detesta esse ambiente, mas o repouso tem esse preço.

Enquanto ele cochila e se apaga devagarinho, a História continua: descolonização, independência da África negra e do Magreb, guerras no Oriente Médio, tanques russos em Budapeste, Europa em construção... Em 1962, ele fratura o colo do fêmur. O patriarca vê que está morrendo, mas já não tem forças suficientes para a revolta. Lord Moran constata o fato sem grande comiseração:

> Ele assistiu com impotência e desespero à crescente paralisia de suas faculdades. "Acabei de ser ridículo", dizia depois da saída de algum visitante. "Sabe, Charles, o que me preocupa não é o estado de meu corpo, mas o de minha mente".[4]

Em 30 de novembro de 1964, ele festeja seus noventa anos. Todos o cercam, mas serão vistos por ele? Em 15 de janeiro de 1965, ele tem uma congestão cerebral e entra em coma. É esperada a notícia de sua morte. Ele ainda aguenta oito dias, até 24 de janeiro. Então, pode desagarrar-se e falecer no mesmo dia que seu pai.

O funeral, que ocorre no sábado, 30 de janeiro de 1965, é transmitido pela televisão e visto por metade da Inglaterra. Durante três dias, personalidades conhecidas e pessoas anônimas desfilam e oram diante do catafalco coberto com a bandeira da Inglaterra. Nesse sábado, começa a última viagem. Ele tem direito a um funeral nacional, como anteriormente Pitt, Nelson, Wellington e Gladstone, todos de origem não nobre, como ele. Seu ataúde é de guerreiro: foi içado sobre a carreta de um canhão, e 242 marinheiros o puxam lentamente no ritmo de noventa tiros de canhão, pelos noventa anos que ele dedicou ao país. Atrás, um imenso cortejo: pelotões de cavaleiros, os "poucos" sobreviventes da RAF ("The Few"), fuzileiros, almirantes, generais, soldados carregando suas condecorações sobre almofadas, granadeiros, todas as corporações nas quais ele serviu e que o serviram. Mais adiante, vêm a família e Clementine, envolta em véus pretos. Na catedral Saint Paul, onde o ofício religioso é celebrado, distinguem-se deputados da Câmara, membros da oposição, ex-primeiros-ministros, representantes estrangeiros (Eisenhower e De Gaulle evidentemente estão presentes) e a família real. Estão todos lá. Na saída, antes de ir de trem ao palácio de Blenheim e depois ao pequeno cemitério de Bladen, o cortejo se dirige para o Tâmisa: o ex-lorde do Almirantado, tal como o almirante Nelson em seu tempo, desejou vogar um instante sobre as águas. *Winston is gone.* No caminho, ao longo das docas, os operadores de guindastes inclinam suas máquinas gigantescas. A Inglaterra está de luto, agora precisa navegar sozinha.

Adeus, velho capitão.

“O grande artista”

Essa expressão, para qualificar Churchill, é do general De Gaulle.* Resume o que o presidente francês pensava de um grande homem que mesmo quem não consiga amar não pode deixar de admirar. Tomada em sentido restrito e talvez crítico, ela poderia sugerir que o político se apagou diante do escritor e que Churchill conseguiu principalmente escrever a História e sua história. Entendida em sentido mais generoso e sem dúvida mais fiel ao espírito do general, ela esclarece o poder demiúrgico desse homem excepcional, um gênio talvez, que fez de sua vida uma grande obra e deu corpo a seus sonhos.

Se enveredarmos pelo caminho da interpretação textual, poderemos ampliar e aprofundar o significado desse rápido e fulgurante retrato de um grande homem traçado por outro. Ser artista é agir com arte, ou seja, em primeiro lugar com talento. Artista é aquele que domina técnicas, é habilidoso, é o artífice que pratica seu ofício com perfeição. Desse ponto de vista, Churchill é um mestre dotado de capacidades incríveis. Se estas demoram a revelar-se na juventude, é por não serem

* A frase exata é: “O grande campeão de uma grande empreitada, e o grande artista de uma grande História”, citado *in* François Kersaudy, *Winston Churchill, Le pouvoir de l'imagination*. Tallandier, 2009, p. 11.

de fato incentivadas pelos próximos, em especial pelo pai, convencido de que o filho, na melhor das hipóteses, é pouco talentoso e, na pior, um fracassado. Além do mais, Churchill teria provavelmente precisado de professores e métodos de ensino mais adequados a seu caráter indócil e contestador. Observando-se como, durante toda a vida adulta, ele aprendeu, leu e teve curiosidade por tudo, pode-se imaginar o sucesso que teria tido uma educação como a preconizada nos *Ensaios* por Montaigne, que recebera uma formação original de seu próprio pai... O fato é que as qualidades estão presentes: embora tropece em latim e matemática, Churchill tem uma memória fenomenal, nutre grande paixão por história e estratégia militar, domina perfeitamente a língua inglesa, adora escrever, tem dons de esportista, é corajoso e ambicioso. Ao se tornar adulto, exerce esses talentos com êxito: ganha com vantagem a maioria das eleições das quais participa, escreve discursos que permanecem nos anais da arte oratória, e a vitória dos Aliados na Segunda Guerra Mundial deve muito à sua competência de estrategista. Em suma, ele exerce de forma notável e com evidente prazer o seu ofício. Incontestavelmente talentoso, o artífice da vitória é também um trabalhador compulsivo que multiplica projetos, é um poço de ideias, planos e invenções, tudo isso servido por uma resistência física incrível. Ares, Prometeu e Hércules reunidos.

Isso significa que ele é bem mais que um notável artesão. Se continuarmos desfiando a metáfora de De Gaulle, seria mais apropriado empregar a palavra *gênio*. Deste, Churchill tem a hiperatividade e a fulgurância intelectual. Tinha intuições que deixavam pasmados os que o cercavam e cujo caráter visionário ainda impressiona o leitor de hoje. A amigos e parentes, o jovem Churchill afirmava com autoconfiança que seria primeiro-ministro. Na época, isso provocava sorrisos, mas, agora, é possível dimensionar a extraordinária vontade que o guiava. Mais tarde, antes da Primeira Guerra Mundial, ele imagina como a Alemanha vai invadir a França e propõe pistas para defendê-la, que, com poucas diferenças, serão as escolhidas pelo exército francês. Já em 1919, ele prevê – ainda que não tenha sido o único – o conflito seguinte. Seu interesse por tanques de guerra e aviões, como novos e determinantes engenhos de guerra, é confirmado na prática bem depois que ele prenunciou seu futuro sucesso. Nunca é demais ressaltar sua lucidez quanto ao perigo nazista no entreguerras, enquanto, já em 1945, ele profetiza a reconciliação entre Alemanha e França e o advento da Europa como espaço de paz. Embora menos lúcido quanto à personalidade de Stalin, não é cego para a vontade deste de dominar todo o Leste da Europa, que ele torna conhecida e célebre com o nome de *cortina de ferro*. Por fim, é preciso ser artista para imaginar em 1940 que o general De Gaulle pode ser o homem do destino. À maneira do poeta hugoliano, ao mesmo tempo mago e profeta, Churchill, em muitos aspectos e em muitas ocasiões, esteve à frente de seu tempo. Isso também implicava uma forma de solidão, que é o quinhão do gênio, cuja imagem foi formada pelo século XIX romântico. Apesar de ser capaz de amizades duradouras e de camaradagens viris, Churchill esteve frequentemente isolado. Sua personalidade forte e "autossuficiente" não era favorável ao trabalho em equipe: embora obediente como simples major ou subtenente, fez de tudo para ter a responsabilidade de seu próprio regimento e a condução de suas ações como entendia que deveria ser. Assim como na infância entrou em conflito com os professores, quando adulto Churchill discordou com frequência de seus superiores, contestou, foi lobo solitário, mudou de partido para permanecer fiel a suas convicções, invadiu o tempo todo as funções de colegas e, chegando ao ápice do poder, pretendeu governar sozinho e ter a obediência de todos. No final de sua vida política chega a ser caricatural essa solidão no exercício do poder: ele fica surdo em todos os sentidos do termo, murado em suas ideias e convencido de que só ele é competente em certas situações. É verdade que a História forjou essa certeza com precisão: Churchill é quem, no entreguerras, não toma assento junto aos liberais nem aos conservadores, mas à parte, a tal ponto está sozinho quando prevê a guerra e percebe os perigos iminentes. Também estará sozinho durante os dois primeiros anos da guerra, convicto, ao contrário de todos, de que a vitória é possível, quando o desespero domina toda a Europa. Se não é um artista maldito do século XIX, Churchill se parece mais com um titã solitário ou com o albatroz de Baudelaire (pois amava tanto os animais), cujas "asas de gigante impedem-no de andar".

Do gênio, Churchill também tem a grandeza das paixões e os excessos. *Bon vivant* e animado, colérico e depressivo, Winston raramente demonstra moderação e temperança. No século que ele atravessou havia mesmo necessidade de alguém com a imoderação da História. "Nada de grande se faz sem paixão": se o grande homem hegeliano tem o rosto de Alexandre Magno, Tamerlão ou Napoleão, Churchill não tem motivo para inveja. Ele é excessivo tanto nos defeitos quanto nas qualidades. Obstinado ou mesmo teimoso, tomando desejos por realidades, egocêntrico, nunca pontual, belicista, tagarela, muitas vezes exibindo má-fé e um cinismo alarmante ao mudar de opinião ou não cumprir uma promessa: a lista é longa! Mas Churchill, acima de tudo, é extenuante para quem vive a seu lado. Ignora qualquer moderação e, seja lá o que comece, vai até o fim sem se questionar nem ouvir as objeções que lhe façam. Mas suas qualidades são bem superiores aos defeitos: intuitivo, dotado de uma imaginação sem limites e de uma vontade inabalável, generoso em tudo, sociável e cordial, Churchill sabia ser sério e solene quando necessário, mas afinal era simples e sabia se adaptar. Gostava da vida e de seus prazeres, como a boa mesa e o álcool. Uísque no café da manhã com vinho branco, champanhe às onze horas, *cherry* antes do almoço, champanhe e vinho branco de novo ao meio-dia, uísque-soda durante a tarde, champanhe e vinho branco no jantar, porto, conhaque e uísque-soda antes de dormir. Eis aí um dia "típico"[1] desse grande bebedor raramente bêbado.

Como se vê, Churchill não era homem de meias-tintas nem de prudência. Era grande em tudo, mesmo nas fraquezas, e só podia agir se pusesse em sua ação todo o seu coração e toda a sua alma, mesmo em se tratando de um erro. No entanto, sentia-se mais motivado no cargo de primeiro-ministro ou de primeiro lorde do Almirantado do que no de chanceler do Tesouro: sua paixão predominante era a guerra. Esta o fascinava mais do que amedrontava e, quando ele se tornou defensor da paz, foi num clima de fortes tensões diplomáticas e agiu de forma tão combativa que nunca esteve longe da guerra, que, de todo modo, ele julgava inevitável. Churchill exultava nos campos de batalha que buscou ao longo de toda a vida; era feliz ouvindo o canhão e sentindo cheiro de pólvora. Sem dúvida os dois conflitos mundiais o decepcionaram e até desgostaram, não só pelo grau de horror – contudo, pragmático e adepto da *realpolitik*, Churchill não ignorava que as guerras produzem mortos, e consolava-se com facilidade –, mas principalmente porque eles marcaram o apagamento dos heróis, das grandes ações e dos grandes comandantes. Guerra total, guerra mundial, guerra de massas, guerra atômica, em resumo, guerra moderna... o século XX renuncia à intrepidez, à grande estratégia e ao divino acaso que o heroísmo podia seduzir e fazer guinar de repente. No entanto, Churchill não conseguia abandonar de todo o que lhe acalentou a infância e a juventude; não conseguia se afastar de seus soldadinhos de chumbo em formação de batalha, não conseguia admitir que deixaria de guiá-los nem que eles pudessem ser dizimados com uma única bomba, sem nenhuma resistência possível. Não havia mais conquistadores, nem romantismo nem romanesco? Nada menos certo: Churchill terá sido o último guerreiro de um século que confiou o resultado dos conflitos aos químicos e aos técnicos. Terá sido o grande homem retratado em seus escritos, homem cujo desaparecimento ele teme:

> Não hesito em me colocar ao lado daqueles que enxergam a história passada do mundo sobretudo como a narrativa de seres excepcionais, cujos pensamentos, atos, qualidades, virtudes, triunfos, fraquezas e crimes presidiram os destinos da espécie.[2]

Tal como o "grande homem" hegeliano, ele também teve a intuição do sentido da História e soube encontrar as palavras e as iniciativas capazes de conduzir seu povo pela via correta. Antecipar-se à Fortuna, essa grande senhora da guerra, e ao mesmo tempo saber lhe obedecer para obter seus benefícios foram os dois grandes talentos de Churchill: apaixonado por História, ele compreendeu cada situação, colocando-a em perspectiva com o passado, mas também sabia que cada momento é singular e que é preciso saber ser sacrílego para inventar o futuro. O que Churchill mais temia era a impotência e admirava no homem a faculdade de dominar seu destino, mas, paralelamente, sabia que tudo depende de acasos e dos caprichos da Providência, em especial em tempos de guerra. Entre voluntarismo e fatalismo, ele abriu caminho, explorando ao máximo suas qualidades, mas sabendo compor firmemente com os imprevistos: as coisas precisavam ser como ele queria. Ele fez de tudo para moldar a realidade, mas esperava muito daquela que, segundo *O príncipe* de Machiavel, sempre tem a última palavra e que é preciso pôr de seu lado: a Fortuna. "O acaso ama a arte, e a arte ama o acaso", escreve Aristóteles: por aí também se calcula como Churchill foi artista, agarrando a sorte quando ela se apresentava e metamorfoseando-a em milagre da vontade humana.

Pois o artista é, acima de tudo, um criador que trabalha o imaginário e os sonhos para transfigurar a realidade. Trata-se de modificar o mundo e de manifestar o domínio que os homens têm de sua própria existência. "Os fatos são melhores do que os sonhos."[3] Malraux dizia que o artista não é o transcritor da realidade, mas sim o seu rival. Há algo disso em Churchill, que não conseguia se satisfazer com o que lhe era oferecido e buscava a todo custo modelar os seres humanos e a História como outros o fizeram com argila ou mármore. A mente de Churchill formigava de ideias que deixavam aturdidos todos os que se aproximavam dele: ele imaginava, inventava, descobria. Embora não fosse um revoltado (modificar o mundo não era sua ambição, e ele sempre foi fundamentalmente um conservador), nem um revolucionário, era, ao mesmo tempo, um defensor do que aí está e alguém convicto de que o mundo muda e de que é preciso levar isso em conta. É preciso adaptar-se com todas as energias, enquanto se resiste aos empurrões contraditórios da História. Manter o equilíbrio quando o navio aderna, fazê-lo navegar reto na tempestade, esse sempre foi seu objetivo. Assim fica clara sua vontade permanente de manter na Europa o equilíbrio de forças entre França e Alemanha, seu desejo de não fazer concessões na guerra, mas de ser generoso com os vencidos, sua escolha de praticar uma política social e ao mesmo tempo liberal, sua atitude complexa em relação à URSS, a alquimia de convicção e pragmatismo. Sua ideia mestra era a seguinte: se melhorar é mudar, para ser perfeito é preciso ter mudado muitas vezes.

Ocorre que, para o artista que Churchill era, o melhor meio de transformar a realidade e de lhe conferir a forma e a direção com que ele sonha é o "estilo", isto é, o domínio magistral de uma linguagem, seja a das palavras, a dos gestos, a da cor, a das formas ou a das notas musicais. Não é à toa que Churchill levava longe a metáfora em que comparava a composição de um quadro à condução de uma guerra: a escolha do terreno, a observação atenta, a seleção das cores, a organização e a visão de conjunto... a criação tem suas passagens obrigatórias, seja qual for o campo em questão. Em seus ensaios predominantemente autobiográficos, Churchill prossegue sua reflexão, associando a escrita da História e seu trabalho de escritor ao do estrategista. E, no assunto, é forçoso constatar que ele tinha todos os talentos! Pintor em algumas horas, ele era, sobretudo, um excelente soldado no fogo da ação e um notável líder, cuja principal arma era a retórica. Orador político, jornalista, escritor, memorialista e, enfim, historiador, Churchill estava fortemente convencido de que é possível mover montanhas só com a força das palavras que toquem os seres humanos. Isso explica, sem dúvida, sua obstinação em acreditar que poderia convencer Stalin por meio da discussão. Mas, se o senhor do Kremlin foi insensível à magia do verbo churchilliano, muitos foram seduzidos. "Seu melhor momento", "Os poucos bravos", "Sangue, dor, lágrimas e suor": quem não conhece seus discursos ainda hoje? "Cortina de ferro", "guerra fria", "fim do começo", "os negócios continuam", "reunião de cúpula", "coexistência pacífica": quem não utiliza essas célebres fórmulas, às vezes sem saber que foram pronunciadas por ele uma das primeiras vezes? A isso se somam as réplicas famosas e mordazes que fizeram sua reputação. Churchill era grande na adversidade e na tragédia, mas também no humor e na zombaria. Uma coleção delas, por puro prazer:

Resposta a lady Astor, que lhe disse que, se fosse sua mulher, poria veneno em seu café: "E eu, senhora, se fosse seu marido, tomaria o café!".[4]

Após o ataque de Mussolini à Etiópia, perguntam a Churchill se o leão britânico não deve mostrar os dentes, e ele responde: "Primeiro ele precisa ir ao dentista!".[5]

A uma senhora que fica indignada por ele estar bêbado: "A senhora é feia... Eu, amanhã, estarei sóbrio!".[6]

Difícil vencer um duelo ou ter a última palavra com pessoa tão espirituosa...

Por fim, há um estilo que se desenha ao longo de suas palavras: anáforas e preferência pelo ritmo binário que ressalta sua busca permanente de equilíbrio, frases longas e bem balanceadas, mas réplicas mordazes que jogam com as palavras e, principalmente, com um sentido único da imagem. Essas réplicas se valem muito do mundo animal: De Gaulle é comparado a uma lhama fêmea surpreendida a sair do banho; o desenho de um crocodilo ajuda a convencer Stalin da validade da operação Torch. No fim da guerra, Churchill observa que, quando as águias se calam, é hora de os papagaios tomarem a palavra; ele se compara a um vaga-lume; Roosevelt é um búfalo; Stalin, um urso; e ele, um burrico e, na intimidade, um cachorrinho da esposa, que assina com o desenho de um gato, enquanto a filha é uma mula... Mas as imagens churchillianas também se referem a realidades e a objetos concretos: Churchill compara a Inglaterra a um navio; seu povo seria a tripulação, e o primeiro-ministro, o capitão; e, para descrever sua saúde vacilante, ele explica que é um avião sem combustível ou um mergulhador em má situação... Por fim, observa-se muito menos *pathos* do que hoje e, sobretudo, nesse ser narcísico, relativa ausência de *ethos* (ou seja, a autopromoção na retórica antiga) e de menção à primeira pessoa do singular. Churchill encarna e representa seu discurso como um ator: para ele, é supérfluo dizer "eu" ou "mim" a cada frase. Ele está lá e se impõe por si mesmo.

Se suas palavras produzem efeito, é porque estão apoiadas numa presença que, aliás, explica por que ele sempre preferiu discursar na tribuna ou no Parlamento, e não na rádio ou, mais tarde, na televisão. Ele precisava de público, presença, calor, necessidade esta que tinha em comum com o ator de teatro que, a cada noite, desempenha de modo diferente o seu papel, de acordo com a plateia, cujas reações ele sente ou vê. Para Churchill, o corpo tinha sua importância. Fotos da juventude o mostram tenso e entusiasmado, discursando para a multidão, boca aberta, punho erguido. Outras o revelam, mais velho, sempre pugnaz e apaixonado, mas também risonho, cúmplice, vestido com apuro, estranho, mas nunca ridículo. Ex-jornalista, Churchill entendeu que a imagem estava se tornando central naquele século de propaganda que, no final, viria a ser o século do espetáculo e da comunicação. Ele dominou perfeitamente a sua e mostrou-se sob os aspectos mais diversos para provocar a admiração e a afeição de seu povo. Para o mundo inteiro, era o homem rechonchudo e resistente que fazia o sinal da vitória com dois dedos e fumava eternamente um charutão. Para muitos ingleses, ele será aquele rapaz de farda, montado orgulhosamente em seu cavalo branco, nos recessos da Índia; o homem maduro, passando as tropas em revista ou fitando o front inimigo, com o charuto na boca, ao lado dos soldados britânicos; aquele que caça e joga polo; o pintor que monta sua tela ao pé das pirâmides; o velho senhor de Chartwell, de roupão, touca e o gato no colo; e, enfim, aquele homem a quem será preciso dizer adeus, visto de costas, sentado no trem, contemplando seu parque. Sem exibir sua intimidade, Churchill soube mostrar uma espécie de proximidade com seu povo, mas sem incidir no culto à personalidade, típica dos totalitarismos da época.

E esse artista precisou executar sua obra numa democracia. Assim como os gregos, fundadores desse regime nada perfeito, mas preferível a todos os outros, Churchill acreditava no poder performativo do verbo: as palavras criam o mundo e podem modificá-lo. Embora às vezes seja preciso tomar atitudes enérgicas, a discussão e o debate são a regra. O duelo talvez tenha desaparecido dos campos de batalha modernos, mas ainda existe na arena política, no coração do pequeno aposento que faz toda a diferença entre uma ditadura e a Inglaterra: a Câmara dos Comuns. Ao longo de toda a sua vida, esse homem, que desejou ter todos os poderes e os teve durante cinco anos, foi um legalista. Cercado pelas ditaduras, continuou fundamentalmente um democrata que respeita as regras do jogo, se submete aos resultados das urnas, mesmo quando eles o aniquilam, espera com maior ou menor paciência a sua vez, e por fim sai de cena. Tentado às vezes pelo poder absoluto ou ao menos embriagado por ele, sem dúvida muito irritado por moções de censura que, no auge do perigo, o obrigavam a se justificar e a abandonar por algum tempo a conduta mais importante da guerra e retornar às manobras políticas, Churchill sempre se dobrou às exigências desse regime que ele respeitava profundamente. Essa é uma das maiores diferenças em relação a seus grandes contemporâneos e sua força singular. Seduzido pelas honrarias, ele soube recusá-las quando a decência o impunha; descomedido em muitos pontos, super-homem talvez, nunca ultrapassou os limites do próprio poder, que exerceu com força, determinação e às vezes cinismo.

Pois o homem era esperto: agia com arte, ou seja, domínio, mas também artimanha. O artista oferece belos engodos a seu público. Churchill, por sua vez, propunha ficções sedutoras e algumas mentiras lastimáveis e sórdidas.

Por mais honesto que fosse, Winston também foi mentiroso por estratégia e oportunismo, por covardia talvez. Refazendo a História, todos gostariam que ele dissesse a verdade sobre os massacres de Katyn perpetrados pelos soviéticos, que ele deixou que fossem imputados aos nazistas para poupar seu aliado e os favores da opinião pública; todos gostariam que ele não tivesse ordenado o bombardeio de Dresden, cidade talvez estrategicamente importante, mas martirizada na época; todos gostariam que a Inglaterra, lotada de refugiados, protestasse diante do genocídio armênio, que não deixasse os iugoslavos e os poloneses nas garras de Stalin... Sempre existe um livro negro de crimes e mentiras da política, e a razão de Estado nem sempre os justifica. Mas a esperteza também é tática, previdência, habilidade, e Churchill a tinha para dar e vender.

Enfim, se, como se vê, o homem foi um gênio, esse seu caráter era um misto de sombra e luz. Sabe-se, desde Freud, que o artista cria para compensar uma carência e sublimar desejos interditos: uma impotência com múltiplas facetas. Ou como ser digno daquele que nunca nos olhou... Durante toda a vida Churchill correu atrás da estima de um pai que, quando vivo, o ignorou e desprezou, e, depois de morto, já não podia lhe dar nada. Esse desafio era, por natureza, impossível de vencer, e o distraiu toda a vida, condenando-o a se superar o tempo todo e a agir de acordo. O jovem, que era capaz de mandar esvaziar uma lagoa porque nela havia perdido o relógio presenteado pelo pai, esperando assim poder recuperá-lo, nunca se curou dessa frustração de reconhecimento. O relógio estava em outro lugar, escondido para sempre, inatingível. Essa carência e, depois, essa perda simbólica tornaram-no um homem apressado, com medo de perder a vida ao perder tempo, um homem insaciável, profundamente angustiado. Aristóteles já traçara o retrato do melancólico no século IV a.C. O excesso de bile negra engendra um caráter instável que oscila da cólera à apatia, da agitação ao tédio: a imoderação do melancólico muitas vezes é típica do gênio e o reverso necessário da grandeza.

Vivendo quase um século, Churchill conseguiu imprimir sua marca na história da Inglaterra e do mundo. Conheceu pelo menos três guerras, seis soberanos e dezessete primeiros-ministros, exerceu durante quase 47 anos funções políticas no governo. Quando nasceu, foram inventados o telefone e a lâmpada elétrica, e os carros à gasolina ainda não existiam. Quando morreu, a humanidade utilizava a energia nuclear, dominava os ares e preparava-se para enviar o primeiro homem à Lua. Na juventude, Churchill pôde ouvir a música de Wagner e, quando morreu, os Beatles e os Rolling Stones enlouqueciam os jovens britânicos e punham a cantar o planeta inteiro. Testemunha e ator magistral de seu século, Churchill não se contentou em interpretar com perfeição o seu papel, mas criou a peça na qual o representava. No fim da vida, sentiu ter tido sucesso e afirmou nada lamentar:

> A viagem foi agradável, e valeu a pena fazê-la – uma vez.[7]

ANEXOS

Marcos cronológicos

1874. *30 de novembro:* nascimento de Winston Spencer Churchill em Oxfordshire (palácio de Blenheim).

1876-1879. Permanência de três anos em Dublin, na Irlanda, onde o duque de Marlborough (avô de Churchill) foi nomeado vice-rei.

1881. Churchill entra no internato de Saint George de Ascot.

1884. Vai para o internato de Brighton.

1888. Churchill entra no colégio de Harrow, onde faz o ensino fundamental.

1893. Churchill entra no Royal Millitary College de Sandhurst depois de duas reprovações no concurso.

1895. *24 de fevereiro:* morte de Randolph Churchill, pai de Winston. Terminada a formação militar, Churchill é nomeado subtenente no 4º regimento de hussardos em Aldershot.
Novembro: embarca para Cuba, colônia espanhola em guerra, e relata o conflito em cinco cartas enviadas ao *Daily Graphic.*

1896. Churchill é enviado com seu regimento para Bangalore, na Índia, onde fica por nove anos.

1897. Expedição a Malakand. Churchill escreve um relato ao *Daily Pioneer.*

1898. Publicação da narrativa *The story of the Malakand Field Force*. Churchill é enviado ao Cairo para integrar o 21º regimento de lanceiros que foi lutar no Sudão. Cobre o conflito para o *Morning Post*.
2 de setembro: batalha de Omdurman.
Dezembro: volta a Bangalore.

1899. Sai do 4ª regimento de hussardos. Publicação de *The River War* (narrativa da aventura no Sudão).
Julho: de retorno à Inglaterra, sofre a primeira derrota nas eleições em Lancashire.
11 de outubro: é declarada a guerra entre a Grã-Bretanha e as duas repúblicas bôeres na África do Sul. Churchill vai ao local do conflito como correspondente de guerra para o *Morning Post*. Cai prisioneiro dos bôeres durante o ataque de um trem blindado, depois consegue fugir da prisão de Pretória e volta a Durban no final de dezembro.

1900. *Julho:* depois de participar de diversos combates, volta à Inglaterra. Publicação de *London to Ladysmith* e de *Ian Hamilton's March* (narrativas da guerra dos bôeres).
1º de outubro: eleição de Churchill como deputado conservador de Oldham.

1901. *18 de fevereiro:* primeiro discurso de Churchill na Câmara.

1904. *31 de maio:* Churchill passa para as fileiras dos liberais.

1905. Churchill é subsecretário de Estado para as colônias.

1907. Churchill faz uma viagem à África de outubro a janeiro de 1908 e publica o relato de suas aventuras no *Strand Magazine*.

1908. Churchill é ministro do Comércio. Publicação de *My African Journey*. Realiza diversas reformas sociais e conhece W. Beveridge. Defende o "orçamento do povo" de Lloyd George. Casamento com Clementine Hozier (Clemmie).

1909. Nascimento de Diana, primeira filha do casal Churchill.

1910. Churchill é ministro do Interior. Greve dos mineiros no País de Galles: "Massacre de Tonypandy".

1911. Greves dos doqueiros e dos ferroviários. Nascimento de Randolph, primeiro filho homem dos Churchill. Crise de Agadir.

Setembro: Churchill é nomeado primeiro lorde do Almirantado.

1914. Início da Primeira Guerra Mundial.

4 de agosto: a Grã-Bretanha está em guerra. Nascimento em outubro de Sarah Churchill. Cerco do porto de Antuérpia.

1915. *Março-abril:* expedição de Dardanelos.

23 de maio: Churchill renuncia ao cargo de primeiro lorde do Almirantado.

Novembro: vai para a França como major e é integrado num batalhão de granadeiros.

1916. Churchill é tenente-coronel do 6ª Royal Scots Fusiliers.

Maio: demite-se do posto.

1917. Sai o relatório da Comissão de Dardanelos. Churchill torna-se ministro do Armamento no governo de Lloyd George. Cumpre várias missões diplomáticas e militares na França e conhece Clemenceau, entre outros.

1918. *11 de novembro:* fim da guerra.

Nascimento de Marygold Churchill.

1921. Churchill torna-se ministro das Colônias. Morte de Marygold Churchill.

1922. Nascimento de Mary Churchill. Os liberais perdem as eleições, e Churchill, seu cargo de ministro e de deputado. Compra da mansão de Chartwell.

1923. Publicação dos dois volumes de *The World Crisis*.

1924. *Outubro:* Churchill, de volta ao campo conservador, é eleito por essa legenda. Torna-se chanceler do Tesouro (ministro da Fazenda) no governo Baldwin.

1925. Churchill toma a decisão de voltar ao padrão ouro. Lê *Mein Kampf*.

1926. Greve geral em maio.

1929. Derrota dos conservadores nas eleições. Churchill perde o cargo. Crise econômica e da Bolsa.

1929-1939. Churchill, que continua deputado, é testemunha do crescimento do perigo, sem ocupar nenhum cargo ministerial. Preconiza o rearmamento da Inglaterra.

1932. Permanência na Alemanha. Viagem aos Estados Unidos.

1933. Hitler torna-se chanceler da Alemanha.

1936. Início da Guerra Civil Espanhola.

1938. Churchill publica a biografia do duque de Marlborough.
Março: Anschluss na Áustria.
Setembro: acordos de Munique após a invasão da Tchecoslováquia.

1939. *Agosto:* pacto germano-soviético de não agressão.
1º de setembro: Hitler invade a Polônia.
3 de setembro: Grã-Bretanha e França declaram guerra à Alemanha.
Chamberlain nomeia Churchill primeiro lorde do Almirantado.

Início da "guerra de mentira".

1940. *Abril:* batalha da Noruega.

10 de maio: Hitler invade a Bélgica e a Holanda. Churchill torna-se primeiro-ministro.

13 de maio: discurso à Câmara dos Comuns: "Sangue, dor, lágrimas e suor".

Final de maio: operação Dynamo (retirada de Dunquerque).

Início de junho: batalha de Somme. A Itália declara guerra à França e à Grã-Bretanha.

18 de junho: apelo do general De Gaulle e discurso de Churchill à Câmara dos Comuns: "Seu mais belo momento".

22 de junho: Pétain assina o armistício com a Alemanha.

3 de julho: bombardeio da frota francesa em Mers el-Kébir.

Bombardeios dos portos britânicos pela aviação alemã.

Agosto: bombardeios das fábricas e dos centros industriais ingleses; resistência heroica da RAF.

20 de agosto: discurso de Churchill à Câmara dos Comuns: "Os poucos bravos".

Outubro: Hitler desiste da invasão da Inglaterra.

7 de setembro: início da *Blitzkrieg* sobre Londres e as grandes cidades inglesas, que durará até 11 de maio de 1941.

Novembro: ataque vitorioso à base italiana de Tarento e vitória naval no cabo Tênaro.

Dezembro: sucesso do exército do general Wavell na Cirenaica (província da atual Líbia).

1941. Os ingleses e os soldados da França Livre dominam a Somália, a Etiópia e a Eritreia, retomando-as da Itália. Hitler envia Rommel e o *Afrikakorps* para apoiar os exércitos italianos na Líbia.

Março-abril: Hitler invade a Grécia e a Iugoslávia. Reveses britânicos na Grécia (retirada das tropas inglesas em abril e maio para Creta).

Março: lei empréstimo-aluguel. Contraofensiva de Rommel.

Abril: debelada a insurreição apoiada pelos nazistas no Iraque. Os ingleses neutralizam as bases francesas na Síria e assumem o controle do país.

22 junho: a Alemanha entra em guerra contra a URSS.

8-10 de agosto: primeiro encontro entre Churchill e Roosevelt.

7 de dezembro: ataque de Pearl Harbor pelos japoneses e entrada dos Estados Unidos na guerra. Visita de Churchill aos Estados Unidos. Primeiro ataque cardíaco.

24 de dezembro: Saint-Pierre e Miquelon alia-se à França Livre. Primeiros choques entre o general De Gaulle e Churchill.

1942. *Janeiro:* moção de censura contra Churchill. Ele conserva a maioria.

15 de fevereiro: queda de Singapura nas mãos dos japoneses. Queda de Tobruk. Os britânicos ocupam Madagascar em maio. Batalha do Mar de Coral.

Agosto: visita de Churchill à Rússia, onde se encontra com Stalin.

Outubro-novembro: batalha de El Alamein e vitória dos Aliados.
Resistência dos russos. Batalha de Stalingrado em novembro de 1942. Recuo dos japoneses no Pacífico no final do ano.
8 de novembro: operação Torch. Caso Darlan. Ocupação da zona livre pelos alemães.
Junho: moção de censura contra Churchill. Ele conserva a maioria.

1943. *Janeiro:* conferência de Casablanca. Encontro Giraud/ De Gaulle organizado por Roosevelt e Churchill.
Fevereiro: batalha de Guadalcanal com vitória sobre os japoneses; vitória dos russos em Stalingrado.
Maio: os Aliados dominam o Norte da África.
Julho: desembarque na Sicília.
28 de novembro-2 de dezembro: conferência de Teerã.

1944. *6 de junho:* desembarque na Normandia (Overlord). Ataques de Londres pelos V1 e V2.
15 de agosto: desembarque na Provença (Anvill).
Libertação de Paris. Revolta do gueto de Varsóvia esmagada pelos nazistas.
Outubro: "Conferência" de Moscou entre Stalin e Churchill (divisão das zonas de influência na Europa em forma de porcentagens)
10 de novembro: Churchill desfila com De Gaulle na avenida Champs-Élysées.
Libertação de Estrasburgo. Esmagamento da revolta comunista na Grécia.

1945. *Janeiro*: "Revés estratégico" dos Aliados.

Fevereiro: bombardeio de Dresden.

4-11 de fevereiro: conferência de Ialta.

12 de abril: morte de Roosevelt. Truman torna-se presidente dos Estados Unidos.

30 de abril: suicídio de Hitler.

8 de maio: armistício na Europa.

17-25 de julho: conferência de Potsdam.

26 de julho: Churchill é derrotado nas eleições. Renuncia.

6 e 9 de agosto: explosão das bombas atômicas em Hiroshima e Nagasaki. Fim da Segunda Guerra Mundial após capitulação do Japão.

1946. Discurso de Zurique sobre os Estados Unidos da Europa.

1947. Independência da Índia e do Paquistão.

1948. Discurso de Fulton (Estados Unidos) sobre a cortina de ferro. Publicação do primeiro volume de *The Second World War* (final da publicação em 1954). Criação do Estado de Israel, aplaudida por Churchill.

1949. Churchill tem um AVC.

1951. *Outubro:* os conservadores ganham as eleições. Churchill volta a ser primeiro-ministro.

1952. Permanência de Churchill nos Estados Unidos.

6 de fevereiro: morte do rei Jorge VI. Elizabeth II torna-se rainha da Inglaterra.

Início da revolta dos Mau-Mau no Quênia (ela durará até 1956, mas será reprimida por ordem de Churchill).

1953. Churchill torna-se cavaleiro da Ordem da Jarreteira.

23 de junho: Churchill tem um AVC que o deixa parcialmente paralisado.

10 de outubro: discurso em Margate, onde demonstra que recobrou o uso de todas as faculdades.

Dezembro: conferência das Bermudas. Churchill recebe o prêmio Nobel de Literatura.

1955. *5 de abril:* Churchill renuncia.

1956-1958. Publicação dos quatro volumes de *A History of the English-Speaking Peoples.*

1964. Churchill festeja seu 90º aniversário.

1965. *24 de janeiro:* morte de Churchill.

30 de janeiro: ele é enterrado com honras nacionais.

Notas

O teatro de operações

1. Entrevista dada por W. Churchill a um jornalista, 1902, citada *in* François Kersaudy, *Le Monde de Churchill, Sentences, confidences, prophéties, réparties*, Tallandier, 2011, p. 39.
2. Entrevista dada por W. Churchill a um jornalista, 25 de janeiro de 1932, Nova York, citada *in ibid.*, p. 43.
3. W. Churchill, *Minha mocidade*, HarperCollins Brasil, p. 8-9, trad. Carlos Lacerda. Em francês: W. Churchill, *Mes jeunes années*, traduzido para o francês por Jean Rosenthal, Tallandier, col. "Texto", 2007, prefácio de 1930, p. 11.
4. Carta à esposa Clementine, citada *in* François Kersaudy, *Winston Churchill, Le pouvoir de l'imagination*, Tallandier, 2009, p. 171.
5. W. Churchill, 22 de outubro de 1940, Escócia, citado *in* François Kersaudy, *Le monde de Churchill, Sentences, confidences, prophéties, réparties, op. cit.*, p. 74.
6. W. Churchill, *Mes jeunes années, op. cit.*, p. 54. [*Minha mocidade, op. cit.*, p. 46.]
7. W. Churchill a Franck Harris (*My Life and Loves*) citado *in* François Kersaudy, *Winston Churchill, Le pouvoir de l'imagination, op. cit.*, p. 48.
8. W. Churchill, *Mes jeunes années, op. cit.*, p. 23. [*Minha mocidade, op. cit.*, p. 20.]
9. Carta de Randolph Churchill à sogra, citada *in* François Kersaudy, *Winston Churchill, Le pouvoir de l'imagination, op. cit.*, p. 13.
10. Carta de Randolph Churchill ao filho, citada *in ibid.*, p. 42.
11. Carta de Churchill à mãe, datada de 14 de dezembro de 1891, citada *in* François Bédarida, *Churchill, Biographie*, Fayard, 1999, p. 45.

12. W. Churchill, *The River War* (*La Guerre du fleuve*, relato da guerra no Sudão), 1898, citado *in* François Bédarida, *Churchill, Biographie*, *op. cit.*, p. 48.

Tempo de escolas

1. W. Churchill citado *in Winston Churchill*, citações escolhidas por Georges Touzenis, Les Éditions du huitième jour, col. "Géants", 2010, p. 9.
2. W. Churchill, *Mes jeunes années*, *op. cit.*, p. 28. [*Minha mocidade*, *op. cit.*, p. 24.]
3. *Ibid.*, p. 26. [*Ibid.*, p. 23.]
4. Citado *in* François Kersaudy, *Winston Churchill, Le pouvoir de l'imagination*, *op. cit.*, p. 38.
5. W. Churchill a Violet Asquith, citado *in* Violet Bonham Carter, *Winston Churchill as I knew him*, Eyre & Spottiswoode, 1965, reproduzido *in* François Kersaudy, *Le monde selon Churchill*, *op. cit.*, p. 17.

Nas primeiras fileiras da vida

1. W. Churchill, *Mes jeunes années*, *op. cit.*, p. 86. [*Minha mocidade*, *op. cit.*, p. 73.]
2. *Ibid.*, p. 107. [*Ibid.*, p. 91.]
3. *Ibid.*, p. 111. [*Ibid.*, p. 94.]
4. *Ibid.*, p. 155-156. [*Ibid.*, p. 132.]
5. W. Churchill, *The Story of the Malakand Field Force*, Thomas Nelson and Sons, Londres e N. York, 1916, p. 23.
6. W. Churchill, *Mes jeunes années*, *op. cit.*, p. 187. [*Minha mocidade*, *op. cit.*, p. 156.]
7. *Ibid.*, p. 188. [*Ibid.*, p. 157.]
8. W. Churchill, *The Story of the Malakand Field Force*, *op. cit.*, p. 168.
9. W. Churchill, *Mes jeunes années*, *op. cit.*, p. 194. [*Minha mocidade*, *op. cit.*, p. 162.]
10. *Ibid.*, p. 223. [*Ibid.*, p. 186.]
11. *Ibid.*, p. 242. [*Ibid.*, p. 201-202.]
12. *Ibid.*, p. 251. [*Ibid.*, p. 208.]

Winston na terra dos bôeres

1. W. Churchill, *Mes jeunes années, op. cit.*, p. 333. [*Minha mocidade, op. cit.*, p. 277.]
2. De W. Churchill para Bourke Cockran, citado *in* François Kersaudy, *Winston Churchill, Le pouvoir de l'imagination, op. cit.*, p. 84.
3. Jean Améry, *Winston Churchill, Un siècle d'histoire*, Éditions Rencontre, 1965, p. 77.
4. William Manchester, *Winston Churchill, Rêves de gloire: 1874-1932*, t. 1, Éditions Robert Laffont, 1985, p. 270.
5. W. Churchill, *Mes jeunes années, op. cit.*, p. 424. [*Minha mocidade, op. cit.*, p. 353.]

A ascensão de um verme fulgurante

1. W. Churchill em dezembro de 1901, citado *in* François Kersaudy, *Winston Churchill, Le pouvoir de l'imagination, op. cit.*, p. 97.
2. W. Churchill em 1924, citado *in* François Kersaudy, *Le Monde selon Churchill, Sentences, confidences, prophéties, réparties, op. cit.*, p. 40.
3. W. Churchill, *Mon voyage en Afrique*, traduzido para o francês e prefaciado por Pierre Guglielmina, Tallandier, col. "Texto", 2010, p. 67. [*My African Journey*, Richard Clay & Sons, Limited, Suffolk, 1909, p. 50.]
4. *Ibid.*, p. 70. [*Ibid.*, p. 52.]
5. W. Churchill, *Mes jeunes années, op. cit.* [*Minha mocidade, op. cit.*, p. 394.]
6. W. Churchill, *Réflexions et Aventures*, traduzido para o francês por Charles Guyot, Tallandier, col. "Texto", 2007, p. 74. [*Thoughts and adventures*, Thornton Butterworth, 1932, p. 68.]
7. W. Churchill citado *in* Jacques Chastenet, *Winston Churchill et l'Angleterre du XXe siècle*, Fayard, 1965, p. 94.

Galípoli!

1. W. Churchill, *Réflexions et Aventures, op. cit.*, p. 20-21. [*Thoughts and adventures, op. cit.*, p. 11.]

2. W. Churchill citado *in* William Manchester, *Winston Churchill, Rêves de gloire: 1874-1932*, t. 1, *op. cit.*, p. 415. [*The Last Lion – Visions of Glory 1874-1932*, *op. cit.*, p. 555.]
3. W. Churchill, *Réflexions et Aventures*, *op. cit.*, p. 207. [*Thoughts and adventures*, *op. cit.*, p. 202.]
4. *Ibid.*, p. 267. [*Ibid.*, p. 256.]
5. *Ibid.*, p. 167. [*Ibid.*, p. 165.]
6. *Ibid.*, p. 290. [*Ibid.*, p. 276.]
7. W. Churchill, citado *in* William Manchester, *Winston Churchill, Rêves de gloire: 1874-1932*, t. 1, *op. cit.*, p. 455. [*The Last Lion, Visions of Glory, 1874-1932*, *op. cit.*, p. 611.]

Das trincheiras à forjadura das armas

1. W. Churchill, *Réflexions et Aventures*, *op. cit.*, p 339-340. [*Thoughts and Adventures*, *op. cit.*, p. 325.]
2. *Ibid.*, p. 336. [*Ibid.*, p. 320.]
3. *Ibid.*, p. 329. [*Ibid.*, p. 315.]
4. William Manchester, *Winston Churchill, Rêves de gloire: 1874-1932*, t. 1, *op. cit.*, p. 459. [*The Last Lion, Winston Spencer Churchill, Visions of Glory*, *op. cit.*, p. 617.]
5. W. Churchill, *Réflexions et Aventures*, *op. cit.*, p. 109. [*Thoughts and Adventures*, *op. cit.*, p. 109.]
6. *Ibid.*, p. 19. [*Ibid.*, p. 10.]
7. W. Churchill citado *in* Jacques Chastenet, *Winston Churchill et l'Angleterre du XXe siècle*, *op. cit.*, p. 171.
8. François Kersaudy, *Le Monde selon Churchill, Sentences, confidences, prophéties, réparties*, *op. cit.*, p. 85.
9. W. Churchill, *Réflexions et Aventures*, *op. cit.*, p. 194. [*Thoughts and Adventures*, *op. cit.*, p. 190.]

Entre dois mundos

1. W. Churchill, *Réflexions et Aventures*, *op. cit.*, p. 279. [*Thoughts and Adventures*, *op. cit.*, p. 266.]
2. *Ibid.*, p. 291. [*Ibid.*, p. 277.]
3. W. Churchill, *La Deuxième Guerre mondiale*, t. 1, "L'orage approche, D'une guerre à l'autre 1919-1939", Plon, 1965, p. 41. [*The*

Second World War, v. 1, "The Gathering Storm – 1919-1939", Houghton Mifflin Company, 1948, ed. Kindle RosettaBooks, LLC, N. York, p. 37.]

4. W. Churchill citado *in* Jacques Chastenet, *Winston Churchill et l'Angleterre du XX*[e] *siècle*, *op. cit.*, p. 205.
5. *Ibid.*
6. Memorando enviado a Lloyd George na primavera de 1920, citado *in ibid.*, p. 208.
7. W. Churchill, *Réflexions et Aventures*, *op. cit.*, p. 235. [*Thoughts and Adventures*, *op. cit.*, p. 226.]
8. Sir Samuel Hoare em *The Times*, 1923.
9. W. Churchill, *Réflexions et Aventures*, *op. cit.*, p. 39. [*Thoughts and Adventures*, *op. cit.*, p. 35.]
10. François Kersaudy, *Le Monde selon Churchill*, *op. cit.*, p. 21.
11. Citado *in* François Bédarida, *Churchill, Biographie*, *op. cit.*, p. 155.

Entre duas guerras

1. W. Churchill citado *in* Jacques Chastenet, *Winston Churchill et l'Angleterre du XXe siècle*, *op. cit.*, p. 248-249.
2. W. Churchill, *La Deuxième Guerre mondiale*, t. 1, *op. cit.*, p. 84-85. [*The Second World War*, v. 1, *op. cit.*, p. 75-76.]
3. W. Churchill, *Journal politique 1936-1939*, tradução francesa de Valentine Johnston, Tallandier, col. "Texto", 2010, p. 56. [*Step by Step*, G.P. Putnam's Sons, N. York, 1939, p. 44.]
4. W. Churchill, *La Deuxième Guerre mondiale*, t. 1, *op. cit.*, p. 74. [*The Second World War*, v. 1, *op. cit.*, p. 66.]
5. *Ibid.*, p. 95. [*Ibid.*, p. 85.]
6. W. Churchill, *Journal politique 1936-1939*, *op. cit.*, p. 322. [*Step by Step, 1936-1939*, p. 304-305.]
7. *Ibid.*, p. 243. [*Ibid.*, p. 225-226.]
8. *Ibid.*, p. 295. [*Ibid.*, p. 278.]
9. *Official Report*, House of Commons (5th series), Hansard, 13 de maio de 1940, vol. 360, c. 1502.

Plenos poderes

1. François Kersaudy, *Winston Churchill, L'imagination au pouvoir, op. cit.*, p. 364.
2. W. Churchill citado *in Winston Churchill*, citações escolhidas por G. Touzenis, *op. cit.*, p. 15.
3. W. Churchill citado *in* François Kersaudy, *De Gaulle et Churchill*, Perrin, col. "Tempus", 2003, p. 40.
4. W. Churchill, *Discours de guerre 1940-1946*, Choix, tradução francesa de Berman, Marcheteau e Savio, Éditions Pocket, 2011, p. 97-99.
5. Citado *in À la recherche de Winston Churchill*, obra coletiva organizada por Pierre Assouline, Perrin, 2011, p. 66.
6. Carta à mãe, datada de 16 de maio de 1898, citada *in* François Kersaudy, *Le Monde de Churchill, Sentences, confidences, prophéties, réparties, op. cit.*, p. 237. [Lough, David. *Darling Winston: Forty Years of Letters Between Winston Churchill and His Mother*, Bloomsbury Publishing, 2018, p. 365.]

A batalha da França

1. W. Churchill, *La Deuxième Guerre mondiale, "L'heure tragique, La chute de la France, 1940"*, t. 3, Plon, 1965, p. 45. [*The Second World War, Their Finest Hour*, v. 2, Houghton Mifflin Company, 1949, edição Kindle RosettaBooks, 2013, p. 60.]
2. *Ibid.*, p. 49-50. [*Ibid.*, p. 63-64.]
3. W. Churchill citado *in* François Bédarida, *Churchill, Biographie, op. cit.*, p. 222.
4. W. Churchill, *La Deuxième Guerre mondiale, "L'heure tragique, La chute de la France, 1940"*, t. 3, *op. cit.*, p. 93. [*The Second World War, Their Finest Hour*, v. 2, *op. cit.*, p. 109.]
5. W. Churchill citado *in* François Bédarida, *Churchill, Biographie, op. cit.*, p. 224.
6. W. Churchill, *La Deuxième Guerre mondiale, "L'heure tragique, La chute de la France, 1940"*, t. 3, *op. cit.*, p. 192. [*The Second World War, Their Finest Hour*, v. 2, *op. cit.*, p. 208.]
7. *Ibid.*, p. 226. [*Ibid.*, p. 240.]
8. W. Churchill, *Discours de guerre 1940-1946, op. cit.*, p. 153.

A batalha da Inglaterra

1. W. Churchill, citado *in* François Kersaudy, *De Gaulle et Churchill, La mésentente cordiale*, *op. cit.*, p. 84.
2. *Ibid.*
3. Charles de Gaulle, *L'Appel*, citado *in ibid.*, p. 86.
4. W. Churchill, *La Deuxième Guerre mondiale*, t. 4, "L'Angleterre seule", *op. cit.*, p. 42. [*The Second World War, Their Finest Hour*, v. 2, *op. cit.*, p. 384-385.]
5. W. Churchill, *Discours de guerre 1940-1946*, *op. cit.*, p. 75-77.
6. W. Churchill, *Réflexions et Aventures*, *op. cit.*, p. 53. [*Thoughts and Adventures*, *op. cit.*, p. 47.]
7. W. Churchill citado *in* Jacques Chastenet, *Winston Churchill et l'Angleterre du XXe siècle*, *op. cit.*, p. 191-192.
8. Citado *in* François Bédarida, *Churchill, Biographie*, *op. cit.*, p. 247.
9. W. Churchill, *La Deuxième Guerre mondiale*, t. 4, "L'Angleterre seule", *op. cit.*, p. 42. [*The Second World War*, v. 2, *Their Finest Hour*, *op. cit.*, p. 386.]
10. *Ibid.*, p. 32-33. [*Ibid.*, p. 376-377.]

Em todas as frentes

1. W. Churchill, *La Deuxième Guerre mondiale*, t. 4, "L'Angleterre seule", *op. cit.*, p. 337-339. [*The Second World War*, v. 2, *Their Finest Hour*, *op. cit.*, p. 708-709.]
2. Frase proferida em Épernay em 1946, citada *in Winston Churchill*, citações escolhidas por G. Touzenis, *op. cit.*, p. 12.
3. Citado *in* François Kersaudy, *De Gaulle et Churchill, La mésentente cordiale*, *op. cit.*, p. 112.
4. Discurso radiofônico de 22 de junho de 1941, citado *in* Jean Améry, *Winston Churchill...*, *op. cit.*, p. 133.

A grande aliança

1. Citado *in* Jacques Chastenet, *Winston Churchill et l'Angleterre du XXe siècle*, *op. cit.*, p. 420
2. Citado *in* François Kersaudy, *Winston Churchill, Le pouvoir de l'imagination*, *op. cit.*, p. 460

3. W. Churchill, *La Deuxième Guerre mondiale*, t. 6, *op. cit.*, p. 90. [*The Second World War*, v. 3, *The Grand Alliance*, Cassel, 1950, RosettaBooks, Edição Kindle, 2013, p. 375.]
4. W. Churchill, *Discours de guerre 1940-1946*, *op. cit.*, p. 25.
5. *Ibid.*
6. Lord Moran, *Mémoires, Vingt-cinq ans aux côtés de Churchill, 1940-1965*, Robert Laffont, 1966, p. 87-88.
7. W. Churchill, *La Deuxième Guerre mondiale*, t. 6, *op. cit.*, p. 307. [*The Second World War*, v. 3, *The Grand Alliance*, *op. cit.*, p. 534-535.]
8. François Kersaudy, *Le Monde selon Churchill*, *op. cit.*, p. 223.
9. W. Churchill, *Mémoires de guerre*, t. 2, Tallandier, 2010, p. 248-249.
10. François Kersaudy, *Le Monde selon Churchill*, *op. cit.*, p. 173.
11. François Kersaudy, *De Gaulle et Churchill*, *op. cit.*, p. 212.
12. *Ibid.*, p. 232.
13. *Ibid.*, p. 236.
14. *Ibid.*, p. 213.
15. *Ibid.*, p. 247.
16. *Ibid.*, p. 257.
17. François Kersaudy, *Le Monde selon Churchill*, *op. cit.*, p. 40.
18. Winston Churchill, *Réflexions et Aventures*, *op. cit.*, p. 330. [*Thoughts and Adventures*, *op. cit.*, p. 316.]

Vitórias e derrotas

1. François Bédarida, *Churchill, Biographie*, *op. cit.*, p. 300-301.
2. Lord Moran, *Mémoires*, *op. cit.*, p 145.
3. W. Churchill citado *in ibid.*, p. 146.
4. François Bédarida, *Churchill, Biographie*, *op. cit.*, p. 303.
5. *Ibid.*
6. *Ibid.*, p. 306.
7. François Kersaudy, *Winston Churchill, Le pouvoir de l'imagination*, *op. cit.*, p. 545.
8. François Bédarida, *Churchill, Biographie*, *op. cit.*, p. 304.
9. Discurso de 6 de junho de 1944 citado *in* Jean Améry, *Winston Churchill...*, *op. cit.*, p. 137.
10. Discurso de 17 de abril de 1945 à Câmara dos Comuns, *in Discours de guerre, 1940-1946*, *op. cit.*, p. 171.

11. Citado *in* Jacques Chastenet, *Winston Churchill et l'Angleterre du XXe siècle*, *op. cit.*, p. 486.

Novos combates

1. Citações de Winston Churchill escolhidas por G. Touzenis, *Winston Churchill*, *op. cit.*, p. 32.
2. Discurso de Fulton, citado *in* Jean Améry, *Winston Churchill...*, *op. cit.*, p. 182.
3. Discurso na Universidade de Zurich em 19 de setembro de 1946, *in ibid.*, p. 179-180.

Retorno à atividade

1. Citado *in* François Kersaudy, *Winston Churchill, Le pouvoir de l'imagination*, *op. cit.*, p. 611.
2. Alocução na presença da rainha Elizabeth II, 17 de março de 1953, citada *in* Jean Améry, *Winston Churchill...*, *op. cit.*, p. 184.
3. Citado *in* François Kersaudy, *Winston Churchill, Le pouvoir de l'imagination*, *op. cit.*, p. 619.
4. W. Churchill citado *in Winston Churchill*, citações escolhidas por G. Touzenis, *op. cit.*, p. 50.
5. *Ibid.*, p. 49.
6. *Ibid.*, p. 50.
7. Citado *in* Jacques Chastenet, *Winston Churchill et l'Angleterre du XXe siècle*, *op. cit.*, p. 572.

Fim de jogo

1. Citado *in* Jean Améry, *Winston Churchill...*, *op. cit.*, p. 181.
2. Citado *in* François Kersaudy, *Le Monde selon Churchill*, *op. cit.*, p. 263.
3. Citado *in* François Kersaudy, *De Gaulle et Churchill, la mésentente cordiale*, *op. cit.*, p. 134.
4. Lord Moran, *Mémoires*, *op. cit.*, p. 704.

"O grande artista"

1. A estimativa desse dia é feita por Pierre Assouline no prefácio intitulado "*Winston is back*" da obra coletiva *À la recherche de Winston Churchill*, Perrin, 2011, p. 27.
2. W. Churchill, *Réflexions et Aventures*, *op. cit.*, p. 282. [*Thoughts and Adventures*, *op. cit.*, p. 270.]
3. W. Churchill, *La Deuxième Guerre mondiale*, t. 2, *op. cit.*, p. 284. [*The Second World War*, v. 1, *The Gathering Storm*, *op. cit.*, p. 602.]
4. François Kersandy, *Le Monde selon Churchill*, *op. cit.*, p. 217.
5. *Ibid.*, p. 220.
6. *Ibid.*, p. 224.
7. W. Churchill, *Réflexions et Aventures*, *op. cit.*, p. 23. [*Thoughts and Adventures*, *op. cit.*, p. 14.]

Sobre a autora

SOPHIE DOUDET é professora-assistente de literatura no Instituto de Estudos Políticos de Aix-en-Provence, onde leciona cultura geral e história das ideias. Especializou-se na obra de Malraux e de Camus e participou da realização da exposição "Camus, cidadão do mundo" em Aix-en-Provence, em 2013. Na Gallimard, coleção "Folio Biographies", é autora de *Churchill* (2013) e *Malraux* (2016). Também acompanhou a leitura de *O ouro* de Blaise Cendrars e de *A pérola* de John Steinbeck na coleção "La Bibliothèque Gallimard". Redigiu, entre outros, o material pedagógico de apoio às obras *A condição humana* de André Malraux, *A queda* e *Os justos* de Albert Camus, na coleção "Folioplus Classiques". Por fim, em 2016, foi responsável por uma edição da *Correspondance (1941-1959)* entre Malraux e Camus, também nas Éditions Gallimard.

lepmeditores

www.lpm.com.br
o site que conta tudo

Impresso na Gráfica COAN
Tubarão, SC, Brasil
2024